"人口、资源与环境经济学"河北省重点学科资助

河北省社会科学基金项目（项目编号：HB13JJ028）

矿山企业循环经济发展问题研究

KUANGSHAN QIYE XUNHUAN JINGJI

FAZHAN WENTI YANJIU

◎ 吕宝林 著

中国财经出版传媒集团

经济科学出版社

Economic Science Press

图书在版编目（CIP）数据

矿山企业循环经济发展问题研究／吕宝林著.—北京：
经济科学出版社，2015.12
ISBN 978 - 7 - 5141 - 6394 - 0

Ⅰ.①矿…　Ⅱ.①吕…　Ⅲ.①矿山企业 - 自然资源 -
资源经济学 - 研究　Ⅳ.①F407.1

中国版本图书馆 CIP 数据核字（2015）第 298885 号

责任编辑：王冬玲
责任校对：杨晓莹
责任印制：邱　天

矿山企业循环经济发展问题研究

吕宝林　著

经济科学出版社出版、发行　新华书店经销
社址：北京市海淀区阜成路甲 28 号　邮编：100142
总编部电话：010 - 88191217　发行部电话：010 - 88191522
网址：www. esp. com. cn
电子邮件：esp@ esp. com. cn
天猫网店：经济科学出版社旗舰店
网址：http://jjkxcbs. tmall. com
北京万友印刷有限公司印装
710 × 1000　16 开　9.75 印张　180000 字
2016 年 10 月第 1 版　2016 年 10 月第 1 次印刷
ISBN 978 - 7 - 5141 - 6394 - 0　定价：35.00 元
（图书出现印装问题，本社负责调换。电话：010 - 88191502）
（版权所有　侵权必究　举报电话：010 - 88191586
电子邮箱：dbts@ esp. com. cn）

前　　言

矿山企业的开发，一方面为我国国民经济的发展提供了生产原材料，促进了经济的迅速发展；另一方面，生产过程的物质消耗和污染物排放，对生态环境的保护带来了巨大的压力。循环经济是一种可持续发展的生态经济，目的是使经济系统和谐地纳入到自然生态系统的物质循环过程中。循环经济是以资源节约和循环利用为特征的经济形态，是目前认为能够解决矿山企业生产与环境保护矛盾的最有效手段。然而，目前对循环经济的研究大多偏向于宏观层次（国家、区域循环经济）的理论研究和应用，缺乏能够行之有效帮助矿山企业发展循环经济的理论和方法。因此，本书以微观层次的矿山企业为研究对象，侧重于从环境保护与经济效益并重的角度、理论与实践相结合的手段出发，研究这些企业发展循环经济的理论和机制，探索这些企业解决环境问题的方法和手段。本书的主要研究内容如下：

第 1 章首先回顾我国的矿业现状，指出依靠高消耗追求经济数量增长而忽视资源环境后果的传统发展模式已不再适应当今和未来世界发展的要求，而循环经济是解决矿山企业生产与环境保护矛盾的有效手段。通过分析循环经济的概念和内涵，指出在矿山企业中发展循环经济的必要性。

第 2 章首先对循环经济有关的理论基础进行阐述，介绍了可持续发展理论、生态工业理论、环境资源价值理论以及这些理论和循环经济的内在联系。在此基础上，介绍了有关企业循环经济的一些理论和先进思想，包括清洁生产模式、循环经济价值链、生产者责任延伸模式等。

第 3 章主要研究矿山企业的环境质量评价方法。环境污染是矿山企业在经济发展中面临的重要问题。首先介绍了矿山企业的环境污染因子，接着回顾了现有的环境质量评价方法，存在的主要问题是量化误差比较大、质量分级不准确、有的方法难以实现（如灰色系统理论）。本书提出一种新的基于支撑向量机（SVM）的环境质量评价方法，该方法利用 SVM 进行质量分级，并将 SVM 的后验概率估计作为置信度来反映分级结果的可靠性。这种方法不但分级精度高，而且分级结果更为合理，适用于一些小样本的环境质量评价场合。本书以涞源县银山口铅锌矿为例验证提出方法的可靠性，通过对矿区及其附近的 7 个观测点的空气环境进行观测，分别用人工神经网络（ANN）和 SVM 方法进行空气环境质量评价，结果表明 SVM 方法是比较可靠的，而且还能提供评价结果的可靠性。这些都是 ANN 等方法所不具备的。

第 4 章主要研究矿山企业发展循环经济的指标体系。在矿山企业发展循环经济的过程中，循环经济评价是其中的重要内容。只有建立一套严谨科学的循环经济评价指标体系，才能利用一定的方法手段对循环经济的发展状况进行监测和预测，才能对循环经济发展水平进行科学评判，找出存在的问题，指出未来的发展方向。本书首先对现有的循环经济指标体系进行了系统的说明，介绍了循环经济指标体系的国内外研究现状，并在此基础上研究如何构建适合于矿山企业发展循环经济的指标体系。依据循环经济的内涵和目标，遵循矿山企业循环经济评价指标体系的建立原则，构建了矿山企业循环经济评价指标体系的框架。该循环经济评价指标体系包括四个层次（目标层、准则层、指数层、指标层）：目标层明确了总体目标，即指导和评价循环经济发展；准则层含四个子系统；指数层包括十个层面；指标层有二十八个指标。该指标体系的建立有利于指导矿山企业更加规范地按照循环经济发展模型进行生产活动。

PCA是一种传统的利用指标体系进行循环经济评价的方法，但是该方法对非线性指标无法达到好的分析效果。本书对其进行改进，提出了基于核主成分分析（KPCA）的循环经济综合评价方法。该方法可以同时对线性、非线性指标进行分析，极大地拓展了综合评价的范围。

第5章主要对矿山企业的物质流分析进行研究。物质流分析（Materials Flow Analysis，MFA）是目前分析循环经济的一个常用手段，目的是通过循环经济的物质流分析从中找到节省天然资源，改善环境的途径，以推动工业系统向可持续方向转化。然而传统物质流无法分析生产过程的一些非物质输入，投入到经济运行系统的生产过程中的生产力要素等一些非物质输入，诸如消耗的能源、占用的土地、需要的劳动力、必需的基本建设、不断更新的生产技术、企业管理水平等，所以仅进行物质流分析并不全面。本章提出了融合物质流和价值流的系统框架，将这二者用一个统一模型资源—价值流的形式进行分析，而物质流相当于资源—价值流的一个特例。在此基础上建立了矿山企业的资源—价值流分析模型，并给出了矿山企业物质流分析的一些指标定义，如企业的废物再资源化比率、产品再利用率、循环指数，依据这些指标可以很好地分析企业的循环经济结构，从而为矿山企业的循环经济科学评价提供依据。接着，本书从环境保护和资源开发方面给出了矿山企业发展循环经济的对策，并给出了采矿企业、选矿企业和冶炼企业各自发展循环经济的经济着重点。

第6章主要对矿山企业发展循环经济进行实例研究。采矿厂和选矿厂是金属矿山的主要生产单位。在实例分析方面，本书结合涞源县银山口铅锌矿山采矿厂，应用第 5 章提出的物质流模型对该企业的生产过程进行了分析，通过分析指出，该采矿厂基本达到了环境保护的要求，清洁生产水平在国内同类规模企业中处于一般水平，基本符合清洁生产原则要求。但从循环指数和处理率来看，该采矿厂还应加大技术费用的投入比例，提高废石回填率和废水循环利用率，以进一步降低对环境保护的压力。本书应用循环经济理论和方法对丰宁三赢工贸有限责任公司招兵沟选矿厂进行了应用研究，通过物质流方法分析了该企业生产过程中废物的排放状况，提出了通过工艺技术创新促进其循环经济发展的手段，并对该企业的废物再利用和处理给出了解决措施。该选矿厂通过发展循环经济，经过技改后的清洁生产水平达到国内先进水平。

第 7 章在总结以往各章的基础上给出了矿山企业发展循环经济的有益结论和进一步发展的建议，认为矿山企业内部循环体系和区域范围内的循环体系的建立是发展矿业循环经济的重点所在。而构建矿山企业的内部循环体系的时候，应当分别根据采矿和选矿以及冶炼三种工艺构建体系内部循环体系。矿业区域发展循环经济，应当遵循以下四项原则：产品的关联化、产业的聚集化和管理的集中化以及信息的共享化。

本书采用理论研究与实例研究相结合、定量与定性分析相结合的方法对矿山企业的循环经济发展的主要问题进行研究。在分析国内外循环经济的现状基础上，提出目前我国矿山企业在发展循环经济中存在的问题，然后从矿区循环经济评价指标体系构建的目标及原则等方面着手，针对矿山企业的生产过程特点，结合循环经济理论，构建矿区循环经济效益评价指标体系。

物质流分析是循环经济的重要研究领域，循环经济的本质是改造和调控现有的线性物质流模式，提高资源和能源的效率。因此，在制定和发展循环经济政策和战略的时候，必须对经济活动的物质流进行分析。由于矿山企业采矿活动容易产生潜在的地质灾害，如植被破坏、水土流失等现象，这些是传统物质流分析无法衡量的，本书将物质流、价值流联系起来，对其矿山企业经济系统进行综合考虑，对矿区循环经济进行分析，并充分利用相互之间的相互关系来发现存在的问题。

　　循环经济是系统性的产业变革，是从产品利润最大化向遵循生态可持续发展的根本转变。本书通过多个角度研究探讨了矿山企业发展循环经济的方法和理论，从而为矿山企业改变传统的高能耗、高污染的粗放型生产模式，进而发展循环经济提供了有力的科学依据。

作者

2016 年 9 月

目　　录

第1章 引　言

矿产资源属于不可再生资源，是人类赖以生存和发展的物质基础。进入 21 世纪以来，矿产资源的综合开发利用对国民经济的影响越发地凸显出来。据统计，我国 80% 以上的工业原料和 50% 的农业生产资料来自矿山，各个产业部门利用有色金属冶炼产品和加工产品的比例正在逐渐扩大[1]。然而，矿产资源的开发过程中容易诱发严重的环境问题，破坏原有的生态环境结构，威胁人类社会的和谐稳定发展。矿山企业要想生存和进一步发展，只有大力发展循环经济，加强资源的综合利用，坚持开发与节约并重，按照减量化、再利用、资源化的原则，改变原有的粗放型经济增长模式，形成低消耗、低排放、低投入和高效率的节约型生产模式，才能更好地与人类社会和谐发展相适应。

循环经济（Circular Economy）是指以资源节约和循环利用为特征的经济形态。循环经济理念首先在发达工业国家出现，是为了应对日益严重的环境污染问题，解决经济发展对资源的巨量需求与有限的自然资源之间的矛盾，处理好社会经济发展与生态环境保护之间的相悖难题而提出来的。它倡导在物质不断循环利用的基础上发展经济，其目的是实现人类社会的可持续发展[2]。现在，循环经济已经从理念上升到行动，一方面成为国家和区域发展战略的必然选择，另一方面也成为诊断矿山企业开发合理程度及其是否健康发展的标准。但是，循环经济在具体付诸实践的过程中仍然面临许多需要深入研究的科学问题。为此，笔者对矿山企业循环经济发展若干问题展开研究。与以往许多从政策、宏观层面的研究角度不同，本书的出发点是针对微观层次的矿山企业。因为企业是国民经济有机体的细胞，企业的生产与流通构成了社会经济活动的基本环节，只有使微观层次的矿山企业明确企业自身的循环状况、采取正确的企业发展策略和循环生产模式，进行有利于循环发展的技术改造，才能真正有效地贯彻循环经济发展模式。

1.1　我国矿山资源开发现状

随着我国经济的快速增长，对矿产资源的需求也不断增大。国家发改委和国土资源部联合有关部门对 45 种主要矿产的需求预测分析表明，我国现阶段对矿产品的需求压力已经很大。铜、铁、锌矿石和稀有金属的需求存在很大缺口，到 2020 年，各类矿产品的需求量将增加 1 倍以上，对大多数矿产品的需求量将超过美国名，列世界第一[2]。一方面是国家快速发展对矿产资源大量需求，另一方面是我国矿产资源储量增长缓慢，有效勘查投入不足，可用资源明显不足。据统计，我国矿产资源人均占有量仅相当于世界人均的 58%。尽管这些矿产资源人均占有量低，但在开发过程中却存在大量的浪费现象。根据对我国的 845 个矿山的调查情况来看[3]，仅有 7% 的矿山矿产资源的综合利用率能够达到 70%，而少于 15% 的矿山的综合利用率能够达到 50%；资源综合利用率为仅为 2%～5% 的综合型矿山企业占到 75%，与世界先进水平相比，要低 20%～30%。根据对我国 34 个矿种的 515 个国有大中型矿山企业的调查资料统计，只有 160 个矿山综合利用较好，比例为 31.1%；132 个矿山为部分综合利用，占比为 25.6%；占 43.3% 的 233 个矿山完全不进行综合利用；而基本没有进行综合利用的集体和私营矿山有 20 多万个。与之形成鲜明对比的是，发达国家对伴生资源综合利用却是非常重视，有平均达到 80% 以上的伴生金属能得到综合回收，能产生占到总产值 30% 以上综合利用产值，要比我国的比率高出 20%。相比之下，在美国和日本的矿山企业，铜、铅、锌、镍等金属矿山资源综合利用率能够高达 76% ~ 90%。据有关专家预测，到 2010 年中国多数矿产资源供需形势严峻，短缺矿产对外依存度逐步上升，其中铝和钾的对外依存度高达 64% 和 83%；到 2020 年，形势更为严峻，对外依存度进一步上升，达到 71% 和 87.6%。

与此同时，由矿业开发所导致的环境污染和生态破坏问题与日俱增，特别是矿山的地质环境和地质灾害问题日益显现，不仅影响到矿业经济可持续发展，还危害社会稳定和人民生命及财产安全。根据相关统计，因采矿而产生的废水、废液的排放量，在我国就已经超过工业废水排放总量的 10%，全国固体废物总量的 50% 为矿山生产出来的废渣，几乎接近一半的各项建设用地、废弃地或因灾害损失的耕地为矿山占地。矿产资源的开发利用过程中所产生的废石、选矿生产中产生的尾矿排放侵占和破坏了大量土地资源：2004 年仅金属矿山堆存的尾矿就达到了 50 亿吨。铁矿生产的矸石量约占产量 10%，每年新产生矸石约 1 亿吨。绝大多数小矿山没有排石场和尾矿库，废石和尾矿随意排放，不仅占用土地，还造成水土流失，堵塞河道和形成泥石流。国土资源部自 1999 年开始以山东、山西、河北、甘肃等省作为试点，开展了矿山尾矿及环境调查。调查结果表明，矿山尾矿、废石等固体废料积存的数量及其对矿区土地、环境的影响比预计的要严重得多[4]。

总而言之，我国矿产资源开发和生产还处于粗放型阶段，综合表现为：产业集中度低，矿业秩序较混乱；采、选、冶技术整体水平不高；矿山"三率（包括开采回采率、采矿贫化率和选矿回收率）"指标总体不高；共（伴）生资源利用水平低；引发的生态破坏和环境污染问题已相当严重。

1.2　经济发展模式的改变——循环经济的提出

在严峻的资源环境形势下，人们逐渐认识到，单纯依靠高消耗追求经济数量增长而忽视资源环境后果的粗放型发展模式已不再适应当今和未来世界发展的要求。世界各国都在呼吁改变传统发展模式，协调环境与发展之间的关系。

1966 年，美国经济学家鲍尔丁发表了题目为"未来宇宙飞船地球经济学"的论文，其中首次提出了"宇宙飞船理论"，认为地球有如在太空中飞行的一艘飞船，如果不对现有的资源以循环利用，在不久的将来，像宇宙飞船那样最终走向毁灭将是地球的下场。他提出，循环利用资源问题，必须从经济过程来思考环境问题产生的根源。这可以看做是循环经济思想的萌芽。1990 年，英国环境经济学家皮尔斯和图纳在其著作《自然资源和环境经济学》一书中首次正式使用了"循环经济"（Circular Economy）一词，并从资源管理的角度讨论了物质的循环利用问题。随后，循环经济概念开始在欧洲流行开来，而首次在国家法律文本中使用循环经济概念的，还是 1996 年德国颁布的《循环经济与废弃物管理法》。在循环经济发展模式方面，日本是世界上最早开始探索的国家之一，也是循环经济的立法最完备、资源循环利用率最高的国家，在发展循环经济方面取得了明显效果。从 20

世纪 90 年代开始，日本政府围绕建设循环型社会的目标逐步加强了相关的制度建设，建立了《促进循环型社会建设基本法》，并制定了多层次、多方面的法律法规体系，对不同行业的废弃物处理和资源再利用等作了具体规定，并大力加以推行，现已取得良好效果[5]。

近年来，中国在发展循环经济方面，已经进行了很多有益的探索和实践，"发展循环经济，建设资源节约型、环境友好型社会"已成为我国政府落实科学发展观和全面建设和谐社会的战略目标。"十一五"规划中，循环经济已经作为重要理念得以体现，发展循环经济在规划纲要、各类专项规划和区域规划以及城市总体规划中，均被摆到了突出位置。循环经济试点建设方法、发展区域循环经济的技术攻关以及相关法律法规、政策方面的研究已经在全国各地先后得以开展。2008 年 8 月 29 日中华人民共和国第十一届全国人民代表大会常务委员会第四次会议通过《中华人民共和国循环经济促进法》，该法规已经于 2009 年 1 月 1 日起正式实施。

近年来，国家非常重视我国矿产资源开发过程中的突出特点和存在的问题，循环经济在矿产资源开发过程中已得到充分贯彻。在《国务院关于加快发展循环经济的若干意见》中指出，要将矿产资源开发作为发展循环经济的重点工作和重要环节，也就是矿产资源开发早在资源开发环节就要统筹规划，大力推广先进适用的工艺、设备和开采技术，努力提高采矿回采率、选矿和冶炼回收率，极力推进尾矿、废石综合利用，资源综合回收利用率得到全面的提高。

国内学术界近年对矿山循环经济发展研究也比较重视，尤其在环保界和经济学界反响强烈，但技术领域研究者较少。研究人员以科研院所和政府部门相关人员为主，研究课题主要集中在国家、地域等宏观层面上，也有不少针对沿海经济发达城市的研究。在行业上以钢铁建材、煤炭、海洋、化工、交通、矿业为多，如蒋佐斌对中国铁矿资源循环经济实现机制进行了研究[3]，杜春丽对中国钢铁产业中的循环经济进行了研究[6]，葛振华利用物质流分析理论对中国金属矿产的循环经济进行了研究[7]；在区域循环经济方面，时永明对黑龙江省黑河市的基于循环经济矿产资源开发战略进行了研究[8]，李赋屏对广西的矿业循环经济发展模式进行了研究[9]。在矿山合理利用方面，李莉对矿山的合理勘查开发、投资决策和可持续发展进行了研究[10]，任一鑫对衰老矿井循环经济模式的构建进行了研究[11]，值得一提的是左铁镛[31]、诸大建、陆钟武[33]、金涌、刘鸿亮等院士们对循环经济也给予了相当的重视。但总的来说，循环经济在矿山方面的研究文献并不多，目前的研究主要从政策和宏观层面进行的分析，微观方面缺乏量化方法和具体应用实践，对于矿山企业如何发展循环经济仍然存在许多需要深入探索的科学问题。

1.3　循环经济的概念和内涵

　　循环经济的研究对象是工业化运行以来的高消耗、高排放，其主旨就是将经济活动的全部流程组织成为"自然资源—产品和用品—再生资源"的反馈式，最合理、充分地利用这个持续进行的经济循环中所有的原料与能源，从而使经济活动对自然环境的影响控制在尽可能小的程度[12]。循环经济的提出，是对传统经济的挑战。对比传统经济和循环经济可以看出（如图 1 - 1 所示），物质单向流动是传统经济的一个特点，其流程由"资源—产品—污染排放"环节所构成。在这种单向流程的经济体系中，地球上的物质和能源被人类以越来越高的强度开发出来，巨量的污染和废物在加工生产和消费过程中又被排放回环境中去。这种经常为粗放的和一次性的资源利用，将大量的一次性资源源源不断地变成废弃物，从而实现经济的规模性增长，将最终导致许多不可再生资源和自然资源的枯竭与短缺，酿成了许多环境污染的灾难性后果。反观与此大不相同的循环经济，其极力倡导的是建立在物质不断循环利用基础上的经济发展模式。循环经济要求将经济的全部活动都遵循自然生态系统发展的模式，构建成一个"资源—产品—再生资源"的物质反复循环流动的过程。在整个经济系统中，生产和消费环节基本上不产生或者只产生少量的废弃物，真正体现出"只有放错了地方的资源，而没有真正的废弃物"。循环经济的特征就是自然资源的低投入和高利用，废弃物的低排放和高回收，使得尖锐冲突的环境与发展之间的矛盾得到根本上的缓解。

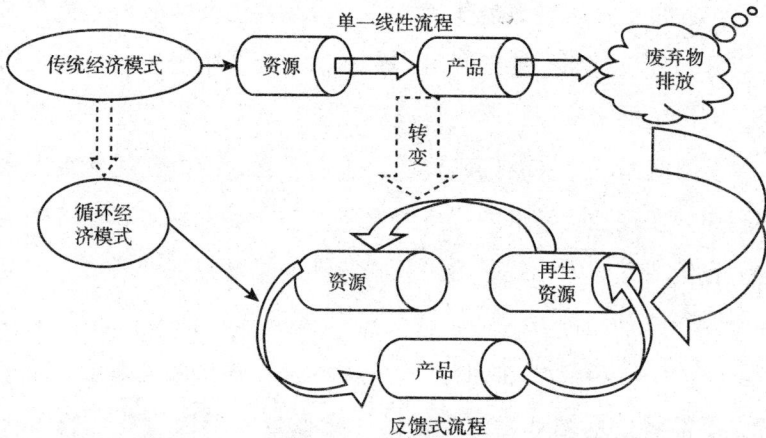

图1-1 传统经济与循环经济流程对比

资料来源：吴春梅．循环经济发展模式研究及评价体系探讨．青岛．山东科技大学．2005.

从目前对循环经济的研究现状可以看出，其本质与内涵可以概括为以下几点[9]：首先，作为一种新的经济增长方式和经济形态，循环经济是以人类生存条件和福利平等为基础的，其目的就是全体社会成员生活福利最大化，对人类生产关系进行调整是其本质，最终目标是追求人类社会与自然社会的和谐、稳定和持续的发展；其次，作为本质上是一种生态经济的循环经济，要求运用生态学规律来指导人类社会的经济活动，把清洁生产和废弃物的综合利用融为一体，把人类的经济活动仿照自然生态系统的发展规律，按照生态规律合理利用自然资源和环境容量的原则，构成一个循环往复的物质流动过程，使得循环经济成为实施可持续战略的重要保证和必然选择；再其次，循环经济的特征是物质、能量梯次和闭路循环使用，最大程度地发挥资源和能量的作用，最小程度地影响环境，其根本宗旨就是使得环境资源配置效率得到提高，日渐稀缺的环境资源得到充分保护；最后，实现减量化地消耗能源和资源是循环经济的根本要求，而可持续发展是其实现的目标，低投入、高利用现有的自然资源和低排放废弃物是其必要的手段，以最低成本获取最佳的经济效益与社会环境效益，进而实现自然资源的可以长期、持续利用，实现整个社会生产的增长方式彻底转变，由传统的粗放型物质增长模式转变为新型的集约型增长模式。

从上面对循环经济的论述来看，通过资源的高效利用和废弃物的循环利用，实现社会经济的可持续发展，是人类发展循环经济的最终目的。在生产方式上，就是由闭环式流动的循环经济"资源—产品—再生资源"这种新型方式，替代传统的开放式单向流动的传统经济"资源—产品—废弃物"的旧方式。从当前的研究现状来看，专家和学者大多都将发展循环经济遵循的原则概括为"减量化（Reduce）、再利用（Reuse）和再循环（Recycle）"，简称为"3R"原则。

（1）减量化（Reduce）。就是要达到既定的生产目的或消费目的时，尽量要求用较少的资源投入，在源头上就要注意实现资源的节约和污染的降低。作为输入端的减量化方法，其目的就是设法从源头上就开始降低进入生产和消费环节的物质资源。以下两个环节可以实现减量化：一个是在废弃物的产生环节，这时减少废弃物产生量，就从源头上实现了减量化，容易达到保护环境和生态发展的目的；另一个是在资源供给环节,这时减少资源供给量,以较小的资源投入获得较多的产品产出,可以达到增加资源使用期限的目的。在所有的"3R"原则中,减量化属于最高优先级,因为它从源头上就可以控制废弃物生产,是最根本、最彻底和最有效的管理办法。在必要的废弃物产生环节,则要尽可能减少其数量[9]。

(2)再循环(Recycle)。这种方法是属于过程性的,就是将能够利用并且有利用价值的产品或废弃物,通过循环再返回到生产过程中,使用自然资源和产品过程中,要尽可能多次并以多种方式进行,从而最大化地利用资源和产品,使得自然资源的消耗和最终废物的产生量最大程度地减少。通过循环再利用,阻止资源过早变为垃圾,使得产品和服务的寿命得以延长。再循环的实现有两种途径:一种是原级资源化,就是新产品是由废弃物资源化后形成的,与原来的产品相同,如利用废弃的纸张生产的再生纸、废旧的钢铁生产的再生钢铁;另一种是次级资源化,用废弃物生产的产品与原来的性质不同,如利用糖蜜作为制作酒精的原材料来生产酒精、制糖厂原来废弃的甘蔗渣作为造纸原料生产纸张[4]。

(3)再利用(Reuse)。再利用也称再资源化(Resource),就是要求产品和包装容器能够被以不同的方式和方法多次重复使用,而不是使用过一次就废弃了。通过再利用可以遏制当今社会上盛行的一次性用品的蔓延和泛滥。再资源化属于输出端方法,可以将生产过程中的废弃物作为二次资源,变成下个生产环节或其他行业的原材料,衍生出可以重复利用的其他副产品。这样,就可以降低甚至取消企业最后废弃物处理的规模和数量,而且能够大幅度减少一次性资源的消耗数量,使原来无用的废弃物,能够得到充分的再次利用。

对于矿业经济这一能源领域的重要问题,周兴龙从循环经济的角度提出了自己的观点[13]。他认为,我国目前所处的时期是特殊的,即快速的城镇化和工业化时期，社会各行业的快速发展，对现有资源的需求和消耗是巨大的。简单地将资源供给进行"减量化"，一定会引起资源供给的相对短缺和不足，加剧资源竞争，造成价格大幅上涨，影响经济全局和国家的整体利益。因此，资源的高效利用和循环利用，才是实行"减量化"、发展矿业循环经济的根本所在，即将单位产品的资源消耗量尽可能地减少，而不是简单地将资源供给的绝对量减少[34]。进一步，周兴龙还建议在矿业循环经济中，用"高回收"代替"减量化"，形成矿业循环经济的新"3R"原则，即"高回收（Recovery）、资源化（Resource）、再利用（Reuse）"[14]。

实行循环经济的"3R"化，可使有限资源以最低的投入，达到最高效率的使用效果和最大限度的循环利用率，以最小化排放污染物的目标得以实现，让人类的经济活动与大自然生态系统的物质循环规律相适应，从而实现人类社会与大自然的和谐共生，长期共存[15]。

1.4　矿山企业发展循环经济的必要性

作为国民经济的基础产业之一，矿业在经济和社会发展中具有举足轻重的地位和不可替代的巨大作用。矿业经济的有力支持，满足了国民经济快速健康发展的需要，我国很多地方已将矿业作为其支柱产业。已经成为我国经济建设的坚强基石的矿产资源开发行业，为我国的各项经济建设，提供了95%的能源供给和80%以上的工业原材料。但是，也应清醒地认识到，我国的矿业资源利用效率还很低，与国际先进水平相比更是差距巨大，主要的问题是相对较低的资源产出率、资源利用效率、资源综合利用水平和再生资源回收[16]。可以看出，矿业企业发展循环经济的重要性和必要性是其重要地位和特殊性决定的。

（1）矿山企业要转变经济增长方式，提高企业的经济和社会效益，就必须降低资源消耗和控制环境污染。因此，矿山企业有发展循环经济，尽快改变低效率、高能耗、重污染的强烈需求[17]。

（2）作为工业产业链和产品链最前端的矿产资源产业，是整个社会物质资源流动的头等行业，但这个行业排放的固体废弃物和工业废水也最多，因此发展循环经济具有现实意义[18]。

（3）从经济效益角度考虑，绝大部分矿产资源的共伴生矿物、生产过程中排放的固体废弃物、矿井排放所谓废水、开采占用的土地，以及露天堆放的大量尾矿，都具有相当大的可开发利用的经济价值，用来发展循环经济，潜力巨大。

（4）矿山环境的日益恶化，已经成为困扰当地社会发展的重要难题，迫切需要加以解决，而发展循环经济是唯一的出路。

（5）矿业产业生产环节的延伸，进一步增加了由矿产资源的加工转化所带来的附加价值，并且"三废"排放相应地减少了。增减之间，对于提高矿山企业的经济效益，控制矿山生产造成的环境污染和当地的各项社会经济发展具有重要的现实意义[19]。

（6）无论是矿产资源作为建设小康社会的安全保障，还是对传统矿业资源的产业升级改造和解决由于矿业资源开发所引起的环境污染问题，还是持续利用矿产资源等几个方面，全面发展循环经济的必要性都是不可忽视的。况且，在矿业领域大力提倡发展循环经济，无论对于减少矿山资源浪费、延长自然资源使用期限，还是控制和减少环境污染，都具有积极意义；对国家整体发展循环经济，其带动作用和示范效应，都是不可低估的[20]。

与其他研究相比，循环经济是一个新兴的研究领域，其理论体系尚有待进一步完善。无论是国外还是国内，对循环经济的研究都是偏重于以区域（国家、地区、城市）为对象，以行业或企业为对象的研究工作则相对滞后。而矿业循环经济发展的理论与方法研究更是处于起步阶段。虽然近年来国内外学者就这一课题进行了一些探索，但都还只是初步的研究，尚未形成系统的理论和得出较成熟的方法，远不能满足矿业可持续发展实践的需要。就国内而言，从宏观角度出发，充分结合中国国情和矿业的特殊规律，系统地对矿业循环经济理论和方法的研究还相当少见。这种状况对于中国这样一个人均矿产资源相对不足、社会经济发展又高度依赖矿产资源的国家是极为不利的[20]。因此，进行矿山企业循环经济发展理论、方法和实践的研究，是我国当前的社会经济发展所迫切需要的。

1.5　主要研究内容和创新点

1. 环境质量评价方法研究

环境质量评价可以为矿山企业的环境规划、环境管理提供依据。现有的评价方法通过对多因子综合污染指数进行质量分级，来评价水或大气的环境质量状况，这种方法的量化误差比较大。本书提出一种新的评价方法，该方法利用支撑向量机（SVM）进行质量分级，并将SVM 的后验概率估计作为置信度来反映分级结果的可靠性。这种方法不但分级精度高，而且分级结果更为合理。

2. 矿山企业发展循环经济的指标体系研究

在矿山企业发展循环经济的过程中，循环经济评价是其中重要的内容，本书对循环经济指标体系的指标选择和筛选进行了研究，构建了适合于矿山企业发展循环经济的指标体系。PCA 是一种传统的利用指标体系进行循环经济评价的方法，但是该方法对非线性指标无法达到好的分析效果。本书对其进行改进，提出了基于核主成分分析（KPCA）的循环经济综合评价方法。该方法可以同时对线性、非线性指标进行分析，极大地拓展了综合评价的范围。

3. 矿山企业的物质—价值流的分析模型研究

物质流和价值流都是循环经济量化分析的常用手段，通过物质流可以对社会经济活动中物质的投入和产出进行分析，而通过价值流可以对社会经济活动中的非物质因素（如人力资源、技术水平）的投入进行考虑。本书提出了融合物质流和价值流的系统框架，将这二者用一个统一的资源—价值流的形式进行分析，而物质流相当于资源—价值流的一个特例。在此基础上建立了矿山企业的资源—价值流分析模型，并给出了分析模型相应的输入输出数学表达形式。该模型可以将物质流和价值流分析置于一个统一框架内进行研究，从而方便对循环经济进行综合分析和评价。

4. 矿山企业循环经济生产模式应用研究

在实例分析方面，本书对涞源县银山口铅锌矿山采矿厂的生产过程应用物质流模型进行分析，对该选矿厂的循环经济发展水平进行了评价；进一步，应用循环经济理论和方法对丰宁三赢工贸有限责任公司招兵沟选矿厂进行了应用研究，通过物质流方法分析了该企业生产过程中废物的排放状况，提出了通过工艺技术创新促进其循环经济发展的手段，并对该企业的废物再利用和处理给出了相应的解决措施。

1.6　研究方法和指导思想

　　本书采用理论研究与实例研究相结合、定量与定性分析相结合的方法，对矿山企业的循环经济发展的主要问题进行研究。首先分析国内、外循环经济的现状，提出目前我国矿山企业在发展循环经济中存在的问题。其次从矿区循环经济评价指标体系构建的目标及原则等方面着手，针对矿山企业的生产过程特点，结合循环经济理论，构建矿区循环经济效益评价指标体系。PCA 是一种传统的利用指标体系进行循环经济评价的方法，但是该方法对非线性指标无法达到好的分析效果，本书通过理论分析和推导，进而提出了基于 KPCA 的循环经济评价方法。物质流分析是循环经济的重要研究领域，循环经济的本质是改造和调控现有的线性物质流模式，提高资源和能源的效率。因此，在制定和发展循环经济政策和战略的时候，必须对经济活动的物质流进行分析。由于矿山企业采矿活动容易产生潜在的地质灾害，如植被破坏、水土流失等现象，这些是传统物质流分析无法衡量的。本书将物质流、价值流联系起来对矿山企业循环经济进行综合分析，利用这些信息来发现矿山企业循环经济生产过程中存在的问题。最后，通过实例论证了矿山企业实现循环经济生产模式的途径、方法和有效性。

第2章　循环经济理论基础

循环经济同可持续发展理论、生态工业理论以及环境资源价值理论有着密切的理论渊源。本章首先介绍循环经济的相关理论基础，然后在此基础上阐述企业循环经济理论。

2.1　可持续发展理论

可持续发展是 20 世纪 80 年代我国从西方发达国家引进的术语[21]，是随着生态资源危机的日益严重化和环境科学的发展而形成的。国际社会普遍接受的可持续发展的定义是世界环境与发展委员会在《我们共同的未来》报告中给出的："可持续发展系指满足当前需要而又不削弱子孙后代满足其需要之能力的发展。"其中有两个基本观点是这个报告所强调的，第一个基本观点是人类要生存就得发展；第二个基本观点则是要有限度地发展，不能为了今天的发展就殃及子孙后人的生存与发展。发展是可持续发展中的前提和基础，可持续发展的核心内容是"人与自然"及"人与人"之间两大基本关系，既要实现社会经济发展的目标，又能达到人类与自然资源和环境的和谐共存，使人类能够长治久安、安居乐业，人类社会得以持续发展。

可持续发展作为当今世界一种全新的发展观，已为国际社会所普遍接受，并已成为各国共同追求的目标。作为一个总体思想理念，可持续发展可以看做是整个人类社会在处理人口、资源与环境以及社会经济发展关系时总的指导体系。"可持续"的本质含义其实可以理解为，人类进行社会经济发展时，要注重所依赖的自然资源与社会资本的合理开发、利用与保护。人类提出可持续发展的理念，就是证明了对自然资源的严重关切，为了实现尽可能的物尽其用的目标，在保证社会发展和技术进步的同时，反复循环使用有限的自然资源。可持续发展主要内容就是实现可持续社会、可持续经济和可持续环境的和谐统一。人与自然的和谐相处、环境与经济的协调发展是可持续发展所强调和追求的，它要求人类在实现自我生存和发展的同时，还要考虑是否对自然资源等外部环境造成负面影响，使人类社会与自然环境之间保持互相协调、互惠互利的和谐关系。

我国政府对可持续发展主要强调的内容是：（1）可持续发展的核心是发展，包括经济、社会和生态环境的可持续发展；（2）可持续发展的重要标志是资源的永续利用和良好的生态环境；（3）可持续发展要求人们既考虑当前发展的需要，又要考虑未来发展的需要；（4）实现可持续发展的关键在于改善综合决策机制和管理机制，健全政策体系和强有力的法律体系[22]。

为循环经济的建设提供理论基础是可持续发展的理念。要实现"可持续发展"的目标，人类社会必须以自然界生态系统的可持续发展为前提基础，大力倡导和警示人们，在社会经济发展的同时，更要注意自然资源和环境的承载能力问题。循环经济的理论依据正是可持续发展，它倡导人类在开展生产实践活动时，要注重与自然资源和环境相互协调。这种经济发展方式的目标是最大化利用有限资源和最小化排放废物，强调发展经济要在物质资源循环利用的基础上进行[23]。只有这样，才能实现使社会经济系统与自然资源生态系统和谐共生的目标。经济可持续发展的内在要求是循环经济的体现，循环经济的发展对解决当前人类社会经济发展与人口、资源和环境之间的冲突和矛盾必将产生重要作用与深刻影响。可持续发展的理念与循环经济的思想是同生共存的，是人类社会实现可持续发展目标的必然选择。

2.2　工业生态学理论

自然生态学是工业生态学的思想渊源。按照自然生态学理论的解释，生物与非生物在自然界中互存共生，形成一个完整的自然生态系统，高级与低级生物之间、非生物与生物间在这个系统中形成了一个由简单到复杂、由低级到高级的生物食物链，在这个食物链中，物质和能量逐级传递，构成了一个相互关联和相互运动的生物链，维持着各物质之间在自然界的生态平衡，从而保证了大自然持续不断的进化和演变。工业生态学设计的工业生产系统仿照自然界生态系统物质循环的模式来进行，物流、能量流和信息在该系统中各生产过程流相互联系。一个生产过程的原料可以来自于另一种生产过程的废弃物，从原料、中间产物、废弃物到产品的物质循环可以在系统内部各生产过程实现。这样，一个互相依存，与生态食物链过程类似的"工业生态系统"就在区域内彼此邻近的工业企业之间开始形成，从而实现资源、能源、投资的最佳配置，将对环境的影响降到最低。

"工业生态学"的概念，最早是美国通用汽车公司的罗伯特和尼克拉斯加利玻利斯（R. Robert and Nicolas Gallopoulos）在 1989 年 9 月发表的《可持续工业发展战略》文章中正式提出的，认为工业系统应该将自然系统作为学习的样本，工业生态系统的建立可以类似于自然生态系统[24]。由此，自己独有的学科研究领域在工业生态学中开始形成。工业生态学的主要特征是节约资源、产品不损害生态环境、多次反复循环利用废弃物。研究的主要内容有：人类社会工业生产系统与自然界生态系统之间的关系、模拟的产业系统的结构解析与功能分析、去物质化的产业系统、对产业系统代谢进行的分析及对产业系统生命周期进行分析评价等[50]。

　　建立生态工业园区是生态工业的具体实现方式，而要实现的目标是逐步形成一个自然生态系统自身物质代谢的系统，均衡、和谐、平稳和持续地融入由于人类活动引起的工业经济活动所引发的人与自然之间的物质代谢和产出。作为继经济技术开发区和高新技术开发区之后我国的第三代产业园区的生态工业园，与经济开发区和高新开发区有着很大的区别，即以生态工业理论为指导，把园区内生态链和生态网的建设作为工作的着力点，使得资源利用率最大限度地提高，最大程度地减少工业生产源头上的污染物的排放量，实现区域清洁生产。与传统的"设计—生产—使用—废弃"生产方式不同，生态工业园区遵循的是"回收—再利用—设计—生产"的循环经济模式。它仿照自然生态系统物质循环方式，使不同企业之间形成共享资源和互换副产品的产业共生组合，使上游生产过程中产生的废物成为下游生产的原料，达到相互间资源的最优化配置[24,25]。生态工业园区作为生态工业理念的重要实践形式，在世界各国得到广泛重视。生态工业园区包含的不仅有生产企业，农业、环境、社会都成为其有机组成部分。一般认为，生态工业园的雏形是工业共生体，丹麦的卡伦堡共生体就是工业共生体的成功典范，如图 2 – 1 所示。卡伦堡生态工业园是世界上最早也是最著名的生态工业园，其主体企业是发电厂、炼油厂、制药厂和石膏板生产厂。卡伦堡生态工业园以这 4 个企业为核心，通过贸易方式利用对方生产过程中产生的废弃物和副产品，不仅减少了废物产生量和处理的费用，还产生了较好的经济效益，形成了经济发展与环境保护的良性循环。

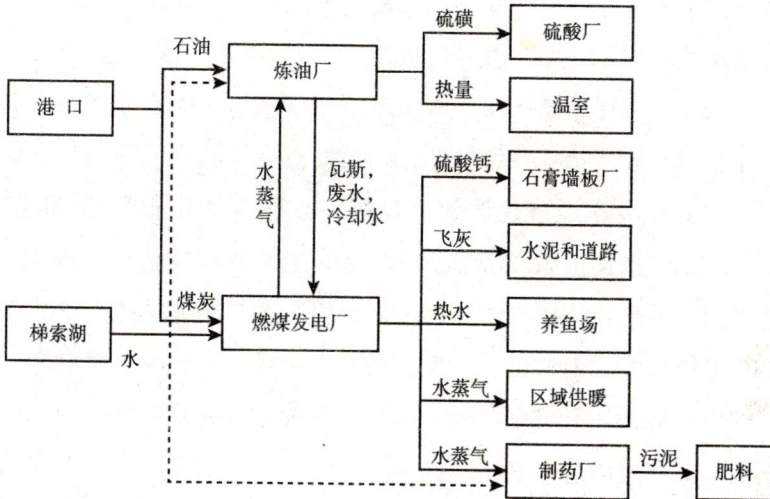

图 2-1　卡伦堡"工业共生体"

　　中国生态工业园起步较晚，到 2005 年，已经有南海国家生态工业建设示范园区、广西贵港国家生态（制糖）工业示范园区等，但都处于逐步完善和成熟的阶段。南海国家生态工业建设示范园区是中国第一个全新规划、实体与虚拟结合的生态工业示范园区，包括核心区的环保科技产业园区和虚拟生态工业园区。其主导产业定位为高新技术环保产业，包括环境科学咨询服务、环保设备与材料制造、绿色产品生产、资源再生等 4 个主导产业群。该园区以循环经济和生态工业为指导理念，以环保产业为主导产业，将制造业、加工业等传统产业纳入生态工业链体系。重点培育设备加工、塑料生产、建筑陶瓷、铝型材和绿色板材等 5 个主导产业生态群落。生态工业系统类似于自然生态系统，12 个企业将组成一个生产—消费—分解—闭合的循环[26]。

　　作为一种投入低、消耗低、产出高、质量好和效益好的工业生产模式，生态工业是生态经济协调发展的工业生产模式。与传统生产相比，生态工业具有的横向祸合、纵向闭合、区域祸合等特点表现得非常明显。总而言之，就是在生产过程、生产技术以及消费过程中，实施生态化[28]。

生态经济与循环经济在本质上是一脉相承的，都是要使经济活动生态化，都是要坚持可持续发展，其出发点在于减少资源消耗、保护生态、实现环境和经济建设的协调统一。但两者并非简单等同[29]。首先，循环经济比生态经济形态更复杂。生态经济建立的基础是生态系统理论，循环经济建立的基础是复合生态系统良性循环理论，是一种生态理论在实践上的创新，是自然和社会经济系统的有机融合。其次，循环经济不是简单在资源—产品—消费—污染的传统经济基础上的发展，更重要的是建立一种机制，是建立在复合生态系统良性循环机制基础上的模式[29]。

生态经济与循环经济的主要区别在于[29]：生态经济强调的核心是经济与生态的协调，注重经济系统与生态系统的有机结合，强调宏观经济发展模式的转变；循环经济侧重于整个社会物质循环应用，强调的是循环和生态效率，资源被多次重复利用，并注重生产、流通、消费全过程的资源节约。物质循环不仅是自然作用过程，而且是经济社会过程，实质是人类通过社会生产与自然界进行物质交换。也就是自然过程和经济过程相互作用的生态经济发展过程。

2.3　环境资源价值理论

自然环境提供人类生产活动的各种原料，包括可再生和不可再生资源。同时，环境为人类的精神生活和社会生产提供了丰富的物质资源。因此可以说环境是一种资源。根据环境经济学理论，环境资源同样具有使用价值与价值,是一种商品,是有价格的,因此可以充分利用价值这个经济杠杆来解决对环境的污染问题。通过将环境的价值纳入生产和生活的成本中去,可以阻断对自然环境的过度破坏和污染环境的通路[30]。

环境成本的估算是一个理论性强、定量化要求高、涉及范围广的复杂经济核算问题。评估环境成本估算方法有许多种。总体来说,这些方法可以分为三类:直接市场法、替代市场法和意愿调查评价法[34]。

2.3.1 直接市场法

直接市场法是指对可以观察和度量的环境质量变动,直接运用货币价格进行定量计算的一种方法。直接市场法又可以分为生产率法或市场价值法、重置成本法和人力资本法。

2.3.2 替代市场法

所谓替代市场法就是用货币价格来测算在现实生活中可以观察和度量的某些商品和劳务,也就是以这类商品和劳务的价格来衡量环境价值变动。人们对环境价值变动的评价可以通过这种方式间接地反映出来。替代市场法又包括防护费用法和旅行费用法。

2.3.3 意愿调查评价法

所谓意愿调查评价法就是通过对被评估者的直接调查,来评估调查对象的支付意愿或受偿意愿。使用这种方法往往是在找不到环境质量变动导致的、可以观察和度量的结果,或者评估者想了解被评估调查者对环境质量变动的支付意愿或受偿意愿的情况下采用的。意愿调查法又可细分为两类：一类是对调查对象的支付意愿或受偿意愿直接进行询问，包括权衡博弈法和叫价博弈法；另一类就是就调查对象对某些商品和劳务的需求数量进行询问，再将调查对象的支付意愿推断出来，包括优先评价法、无费用选择法和德尔菲法。意愿调查法所得结果从理论上来说应该是最接近环境质量的货币市场价值，因为它是直接评价调查对象的支付意愿后得出的。

　　总体来说，环境变化产生的影响是多方面的，不同的环境变化可以有不同的估值方法并各具特色。准确反映环境变化的成本有赖于估值方法的恰当选择。当环境变化造成生产力变化且产量变化可度量时，可采用生产函数法；当受影响的环境变化不涉及产量的变化时，环境质量恶化的经济损失则可根据环境要素的类型分别采用权变估值法、旅行费用法等估算。对由于森林面积减少，土壤的蓄水能力将会降低，栖息地因此而受到影响的功能性破坏，可分别根据相应的衡量因子，采用替代成本法、费用效益法等方法计算环境损失值。当找不到环境质量变动导致的可以度量的结果时，采用意愿调查法。

　　包括生产、流通、分配和消费在内的社会经济的再生产过程，不是在自我封闭的体系中进行的，而是同自然环境有着紧密联系的。自然界提供给劳动以资源，而劳动则把资源变为人们需要的生产资料和生活资料。劳动和自然界一起才成为一切财富的源泉。社会经济再生产的过程，就是不断地从自然界获取资源，同时又不断地把各种废弃物排入环境的过程。环境污染和生态失调，很大程度上是由于对自然资源的不合理的开发和利用造成的。合理开发和利用自然资源，合理规划和组织社会生产力，是保护环境最根本、最有效的措施。为此必须改变单纯以国民生产总值衡量经济发展成就的传统方法，把环境质量的改善作为经济发展成就的重要内容，使生产和消费的决策同生态学的要求协调一致；环境资源价值理论研究合理调节人与自然之间的物质变换，使社会经济活动符合自然生态平衡和物质循环规律，不仅能取得近期的直接效果，还能取得远期的间接效果[30]。

　　根据环境资源价值理论的解释，人类社会正确处理自然资源利用与生产废弃物排放之间的关系是循环经济的核心问题；而环境观念的强化、促进资源的有效利用、环境污染发生的抑制是关键环节；新的资源途径积极开辟，可再利用、可再生资源尽可能的利用是手段；实现工业生产的经济、社会与环境效益的多重目标的协调发展是目的。

2.4　企业循环经济理论

　　现代企业理论的代表人物科斯认为，企业是一组合约，这个合约是由各类资源所有者缔结的，而减少市场交易费用是企业形成的真正原因。如此一来，企业就把其交易从市场外部转移到企业内部。在现代社会经济活动中，这种本性不但体现为对成本领先战略的推崇，而且还形成对社会自然资源的过度严重依赖和不断适应周边环境的变化[17]。企业在循环经济模式选择决策中主要考虑的因素，是由其本质特性决定的。这些因素包括：环境保护法律法规日益严厉而导致的高额守法成本、违法代价和破产费用；企业资源的配置效率由于受到社会资源稀缺的影响，使得企业资源配置的帕累托最优难以实现；由于世界生态经济与绿色文化等客观环境发展的压力，迫使企业不得不加快建立完善的生态系统，争夺生态经济利益。资源稀缺会使企业陷入困境，会打乱其正常的生产秩序，而资源配置效率更是大为降低，企业资源配置的优化更是无从谈起。从经济学角度说，人类社会中的每个企业都达到帕累托最优，才是企业资源配置的最佳状态。根据意大利经济学家维尔弗里多·帕累托对"帕累托效率"定义：资源配置最优就是指，对于配置某种经济体的资源来说，如果其他生产上可行的配置方案不存在，而该经济体中的所有个体至少和他们在开始状态时的情况一样优良，而且至少有一个个体的情况比初始时的状态更好。通常认为，如果一个社会不是处在帕累托最优状态，那么这个社会的资源配置情况就有着帕累托改进的可能性。与之相反，如果资源配置状况已经实现了帕累托最优，就说明没有任何帕累托改进的余地[35]。

企业改革其传统的管理模式、实施新型生态化管理，并以此促进企业发展的关键是循环经济的产品生产和遵循企业管理理论。根据循环经济的理论，企业在生产经营过程中应遵循以下几个原则：一是资源和能源的开发与利用要始终将合理开采、限量使用贯彻到底；二是在产品设计环节，就要考虑尽量节约材料，尽可能多地利用可再生资源；三是在工艺流程设计环节，要尽最大可能节约能源、降低物耗，使废品率降到最低；四是在产品质量环节，产品应当寿命长，经久耐用，使用范围广泛；五是在企业生产的最后环节，注重废弃物的回收利用，尽量减少对企业内部和外部的环境污染[36]。由此可以看出，作为一个现代企业，遵循循环经济理论的发展足迹，不但会变革企业的管理内容、方法，改变其生产方式、方法，而且会使企业的管理思想和经营理念发生根本的转化。

从目前的研究现状来分析，企业循环经济理论的研究内容主要有以下几个方面：企业内部的清洁生产、循环经济价值链、企业外部的生产者责任延伸制[37-39]。

2.4.1　清洁生产模式

清洁生产（Cleaner Production）有多种称呼，例如"无废工艺"、"废物减量化"、"污染预防"等。但其基本内涵是一致的，即对产品的整个生产过程采取预防污染的策略来减少污染物的产生。清洁生产从本质上来说，就是对生产过程与产品采取整体预防的环境策略，减少或消除它们对人类及环境可能造成的危害，同时充分满足人类物质生活需要，使社会经济效益最大化的一种生产模式。实施清洁生产的具体措施包括：不断改进设计；使用清洁的能源和原料；采用先进的工艺技术与生产设备；改善管理；综合利用；从源头削减污染，提高资源利用效率；减少或避免生产、服务和产品使用过程中污染物的产生与排放[40]。

清洁生产是实施可持续发展的重要手段。清洁生产的观念主要强调三个重点：（1）清洁能源。包括开发节能技术，尽可能开发利用再生能源以及合理利用常规能源。（2）清洁生产过程。包括尽可能不用或少用有毒有害原料和中间产品。对原材料和中间产品进行回收，改善管理、提高效率。（3）清洁产品。包括以不危害人体健康和生态环境为主导因素来考虑产品的制造过程甚至使用之后的回收利用，减少原材料和能源使用。

随着在世界范围内广泛推行清洁生产理论与清洁生产的实践，从供应到生产、从营销到财务到环保等诸多领域，清洁生产已经广泛渗透其中各个环节，并且已经实现了与环保、生产技术和产品以及服务各领域的生命周期的密切联系。发展循环经济的一种重要方式就是清洁生产[41]。（1）与传统的末端环节治理不同，清洁生产体现的策略是预防为主。传统的先污染、后治理的末端治理与生产过程相脱节，这种发达国家已经走过的老路已被证明是一种代价高昂的发展模式。企业的新型清洁生产是从产品设计就开始着手，一直到原材料选购、工艺路线图的设计、生产设备以及废弃物的回收利用、运营管理的各个环节，都要不断地加强管理，加快技术的改进步伐，实现资源利用效率的提高，污染物的产生问题得以减少甚至消除。（2）生产发展与环境保护、资源利用的和谐关系，是清洁生产所强调的，从而可以奠定可持续发展战略基础。清洁生产实现持续利用的目标，要通过合理高效利用资源、二次资源和能源的重复利用、减慢资源的消费来实现；通过在生产过程中全面控制废弃物的减少甚至消除、产生和排放污染物来促进产品生产和消费过程与自然环境相互兼容，不断提高生产技术水平、产品质量和经济效益以及核心竞争力。（3）清洁生产提高资源综合利用，是通过调整产业结构、调整产品结构、改良工艺和创新技术来实现的。

2.4.2　循环经济价值链

美国哈佛大学教授迈克尔·波特在 1985 年出版的《竞争优势》一书中首次提出价值链的概念。波特认为，企业的生产过程就是创造价值，企业所从事的一切经营活动（从产品设计到生产、从销售到储运以及其他相关支持活动等）的集合体就构成企业的价值链。按照企业经济与技术的相对独立性，其价值增值过程可分为既互相独立又有密切联系的多层次价值活动环节，从而形成一条独特的价值链。通过消费者自愿为企业的产品和劳务所支付的货币量，公司来计量其产生的最终价值，如果计算出的价值大于完成全部要求的生产总成本，则表明该企业是有利润的。公司进行价值链活动，既可以创造有价值的产品和劳务，也要担负一切价值链活动所产生的费用和代价[42]。

从理论上讲，对一些产业的转换过程和与阶段功能的描述，以及对其附加价值的创造方式进行具体描绘的方法，就是循环经济价值链的具体表现形式[43]。增值链是价值链的本质。价值链上的各个环节是否增值、增值的多少，都在企业竞争力方面发挥重要作用。因此，产业结构的合理性、竞争力的优势和劣势、环境衍生的内外客体、企业的定位与生存空间、企业所在外部环境冲击与趋势等产业链上的各个环节都要实现价值的增值。只有这样，循环经济值链才能确保有效运行，企业竞争力能够得到增加。与此同时，必须奠定好经济系统控制的基础，极力开拓降低生产成本和减少废弃物数量的途径，实现利润最大化的目标，在实现经济效益、社会效益和生态效益的有机统一方面，登上一个更高的层次[44,45]。

工业企业在生产过程中会伴随着规模的生产产生大量的废弃物，但是这部分废弃物中大部分可作为再生资源加以回收并进行综合利用。这样，一方面能源可以得到节约，另一方面也可降低产生生产过程废弃物的数量；另外，这一生产过程也是价值增值。假设资源投入的数量相对固定，发展循环经济只是通过技术进步进行，在增加工业产品的同时，降低产生废弃物，从而形成一个价值链[46]。

$$S = S_{资源} + S_{再生资源} - S_{废弃物} \qquad (2-1)$$

由（2-1）式可以看出，在资源投入量固定的情况下，可以通过增加再生资源的回收和减少废弃物的产生来增加价值链的价值。对于企业，实施循环经济生产过程中，还要注重采取资源化技术，降低再回收利用的成本，使回收利用资源经再生产后的价值得以增加，实现价值链的延伸，才能保障企业发展循环经济的顺利进行。

2.4.3　生产者责任延伸模式

生产者责任延伸制（Extended Producer Responsibility，EPR）是指生产者应对其产品在整个生命周期内，不仅对产品性能负责，还要承担产品从生产到废弃对环境影响的全部责任，特别是产品被废弃后的回收、再循环和最终处置阶段。一般来说，传统的做法是，生产者只对自己所要生产产品的设计环节、制造过程、流通领域和使用阶段负责，而不负责产品寿命周期结束的废弃物的管理，处理方法往往或者是随便抛弃，或者是通过地方政府由税收补贴负责等来承担处理费用。即便由政府负责，也不能从根本上改变传统的生产和消费方式，从而达到减少自然资源消耗和减轻环境危害的目的。尽管政府考虑到了产品废弃物的处理问题，但企业却没有为此付出代价。相对而言，生产者责任延伸制度将传统的生产者责任扩展到包括产品达到寿命期后的处理在内的产品整个生命周期。生产者不仅要对其生产的产品质量、性能等承担责任，而且要进一步负责产品从设计、生产过程到废弃各环节等对环境所产生的一切负面影响。

近些年来，欧盟在环境保护立法方面走在了世界的前列。在大力推广"生产者责任延伸"方面，很多国家和地区相关法案或有关政策中已经有所体现。如很多国家规定电池制造商有义务负责废旧电池的回收和利用、轮胎制造商要负责废旧轮胎的回收和利用。企业生产者不但要负责产品生产中造成的环境污染，而且承担一定的产品废弃后的环境管理方面的责任。这是一项重要责任延伸，是包含在生产者责任延伸制度中的。因此，生产者责任延伸制度的作用是很显著的，就是能让生产者以资源可持续利用作为出发点，把源头减量化作为首选的方法，使得废弃物的产生大量减少，同时分类回收可重复利用的废物，再次利用可以作为下个生产环节的原材料。作为可持续发展的一项重要策略，生产者责任延伸制度也是企业发展循环经济的基本模式之一[47][69]。近些年来，西方发达国家在实施废弃产品管理和污染控制中，已经将生产者责任延伸原则作为其遵循的基本原则[48]。

（1）强调生产者的主导作用是生产者责任延伸的首要原则。生产者在产品生命链中扮演着最有控制力的角色：生产者是决定产品设计改进的唯一角色；挖掘废弃产品的最大利用价值的能力也非生产者莫属；再生材料最直接的再利用者也是生产者。强调生产者的主导作用，在此基础上引入外部激励，可以确保激励机制在产品链的上下游传播更为顺畅，更好地发挥其降低废弃物数量、鼓励再生利用方面的作用。

（2）生产者责任延伸原则将扩大生产者责任作为一个重要原则。扩大生产者责任就是强调整个产品生命周期中各个环节不同角色的责任分担。它考虑了产品生命周期中涉及到的不同角色，既包括消费者，也包括销售者和回收者；既有中央政府的责任，地方政府也要对此承担重要责任。如此，可以通过有效的机制设计来使上述各个领域的每个角色，都要共同分担废弃产品回收的责任和义务。

（3）污染者付费原则同时也是生产者责任延伸原则所强调的。上述生产者责任扩大，涉及废弃产品的处理问题，而废弃品的处理则会导致成本增加，进而直接影响产品价格。如此一来，作为产品服务的最终受益者的消费者，自然要有负担部分的成本的责任。

生产者责任延伸是一种关注产品流通系统而非产品使用本身的预防污染政策。其本质就是通过要求生产者承担产品回收、处置的费用。在生产者责任延伸机制下，将原来由社会所负担的产品废弃物的处理成本和环境污染的外部成本内在化。这一成本的产生是企业对外部环境造成负面影响的成本，由于环境资源的外部性，市场价格不存在，或者其价格无法反映资源利用的社会成本时，市场就不能有效配置资源，也造成"市场失灵"现象。从环境经济学的角度来分析，就是企业的生产过程或产品对环境产生污染所造成的损失在市场价格上难以准确计算，从而无法计入生产成本的内部成本，造成私人成本与社会成本分离。实行生产者责任制度，将环境资源作为一种稀缺资源计入生产者消耗的经营总成本。这一生产者责任的延长，必然会激励生产者考虑包括原材料的选择、生产过程的确定、产品使用过程以及废弃等各个环节对环境的影响，将采用一切可能的措施减少污染的产生以降低其环境成本，实现环境保护成本与环境污染损失相平衡的最优环境治理水平[49]。因此。EPR 制度的特征可以概括为：第一，产品再回收方面的特性和资金责任部分或全部地由地方政府向上游的生产企业转移；第二，使企业在设计和生产产品时就引入了环保的概念。

2.4.4　产品生命周期理论

产品生命周期（Product Life Cycle，PLC）指从人们对产品的需求开始，到产品淘汰报废的全部生命历程。一种产品进入市场后，它的销售量和利润都会随时间推移而改变，呈现一个由少到多由多到少的过程，就如同人的生命一样，由诞生、成长到成熟，最终走向衰亡，这就是产品的生命周期现象（见表 2 - 1）。产品生命周期理论是美国哈佛大学教授雷蒙德·弗农（Raymond Vernon）1966 年在其《产品周期中的国际投资与国际贸易》一文中首次提出的。后来经多位学者加以完善和推广，使之成为一种较为成熟的理论。产品生命周期理论认为，一个产品在其从进入市场到退出市场的生命周期过程中，可以划分为四个阶段，即导入期、成长期、成熟期和衰退期。随着环境管理要求的越来越深入，祖斯特 R. Zust 等人从可持续发展的角度出发将产品的生命周期划分为以下四个阶段：产品开发、产品制造、产品使用和最后产品的处置。

表 2-1　　　　　　　　产品生命周期不同阶段特征

分类	导入期	成长期	成熟期		衰退期
			前 期	后 期	
销售量	低	快速增大	继续增长	有降低趋势	下降
利润	微小或负	大	高峰	逐渐下降	低或负
购买者	爱好新奇者	较多	大众	大众	后随者
竞争	甚微	兴起	增加	甚多	减少

产品生命周期理论是基于可持续发展的要求，从环境保护的观点出发，以可持续产品的研制、开发、生产至消费为研究对象，或可称"可持续发展的产品生命周期"。具体地说，它是指以"满足当代人需要而又不损害未来各代人需要"的可持续发展观为指导，以环境与生态保护为基准，应用产业生态学或生态经济学的系统方法来覆盖产品生命周期及其能量和物质的代谢系统（再生系统）的内涵和运行过程[17]。产品生命周期的概念为我们提供了一种新的思想原则，即在考察产品的某种性能时，不能停留在一时一地，而应该遍历其生命周期的各个阶段，这样才能得出科学、全面的结论。将这一思想原则应用于企业的清洁生产活动中，也就可以更加清晰地阐明产品的整个生命周期中各个阶段对环境干预的性质和影响的大小，从而发现和确定预防污染的机会。

2.5　本章小结

本章从矿区循环经济的基本理论出发，介绍了可持续发展理论、生态工业理论、环境资源价值理论以及这些理论和循环经济的内在联系，在此基础上，介绍了有关企业循环经济的一些理论和先进思想，包括清洁生产模式、循环经济价值链、生产者责任延伸模式，为后面的研究奠定了理论基础。

第3章 基于 SVM 的矿山项目 环境影响评价方法

　　随着经济的发展，人们越来越意识到社会的经济发展、自然生态系统的维持以及人类本身的健康状况都与所在环境的质量状况密切相关。对于矿山企业，在生产过程中容易伴随废气和废水的排放，从而引起环境质量的变化。如果因为人类的行为引起了环境质量的恶化，则人类社会不可能做到可持续发展，也严重影响到人类自身的生存。环境质量的状况是人类的生产活动对环境质量影响的综合反映。通常我们所说的环境质量评价，就是运用相关的的数理方法和技术手段，分析某一环境区域的环境要素，并定量描述其结果[51]。通过评价环境的质量，可以掌握区域环境质量的变化规律及其发展趋势，为控制区域环境系统的污染和制订区域环境系统工程方案提供决策依据。评价环境质量是评价环境要素质量的价值，而不是评价环境质量的本身，是对环境质量与人类社会生存发展需要满足程度进行评定，所以环境质量评价所探讨的是环境质量的社会意义。人们把气、水和土壤看做是一种有限的自然资源，是工业化革命以来由于污染事件不断发生而逐渐认识到的。因此，人们在对自然资源进行评价时更多关注的是污染评价，即评估人类的生产生活排放出来的各种污染物对大气、水和土壤的污染程度，以及由此对人体健康所造成的危害程度。环境质量状况评价的视角可以是多方位的，然而从理论到方法目前比较成熟的是环境污染评价，实际工作中也大量地进行环境污染的评价。目前对于矿山环境而言，环境质量评价主要包括大气环境质量评价、水环境质量评价、土壤环境质量评价、噪音环境质量评价等。

在环境质量评价中，目前通常采用比较简单的单因子或综合因子的环境质量评价方法，这种方法在分类界面附近量化误差比较大。本书提出一种基于支撑向量机（Support Vector Machines，SVM）的方法来评价环境状况。该方法利用支撑向量机进行质量分级，并将 SVM 的后验概率估计作为置信度来反映分级结果的可靠性。相对于传统方法而言，这种方法不但分级精度高，而且分级结果更为合理。

3.1　矿山建设项目中的环境污染因子

在矿山环境质量评价中，人们更多关注的是污染评价，即评估人类的生产生活排放出来的各种污染物对大气、水和土壤的污染程度。造成环境污染的因素很多，而且环境问题的表现形式也多种多样。

根据当前的研究，结合我国的情况，矿山环境的污染因素主要有以下几个方面：

3.1.1　水污染

一般来讲，造成矿山环境水质污染的废水有两个主要来源：一方面是在矿山开采过程中产生的排放量巨大，连续性很强，甚至含有为数众多的体悬浮物、酸、碱和重金属离子以及选矿使用的一些药剂的洗选时用的矿井水和废水等，甚至有些矿山废水中还含有大量的对人体健康危害性极大的放射性元素。这些大部分未加任何物理化学处理的废水，直接就排入了地表水中，对地表和地下区域水环境造成的影响是巨大的；生活污水是另一方面的来源[54]。具体到污染因子，则会因矿山类型的不同而排放有所不同，考虑不同排污口的同一种污染物叠加影响，是选择确定评价因子后在权重系数的数学确定分析过程中需要注意的一个问题。

矿山废水造成污染常常通过以下几种方式：（1）渗透污染。由于选矿时产生的废水会通过土壤和岩石层的裂隙渗透渗入含水层，矿山废水池或选矿废水排入尾矿池以后，会污染地下水源。同时可能由于防水墙质量问题导致的渗透而污染地表水体。（2）渗流污染。当降雨侵入直接暴露在空气中含硫化物的废石堆以后，这些在露天堆放的废石堆不断进行氧化分解，生成硫酸盐类，由此产生的酸性水必定会大量地渗出，附近的地表水体将被严重污染[88]。（3）径流污染。地表或山区植被因为采矿而遭受损失，由此而造成的水土流失问题在所难免；降水或者融雪后形成的水流，携带的泥砂数量巨大，不仅造成江河水流渠道的阻塞，也将污染附近的农田[55]。

3.1.2　大气污染

很多原因都可能造成矿区的大气污染。通常来说，一切采矿生产和选矿生产环节，均将不同程度地向矿区天空排放有毒害的物质，直的结果就是接污染了矿区大气环境。主要的污染因素包括以下几个方面[57,58]：

（1）采矿生产中，不管是地下矿还是露天矿，因为采用巨量的炸药落矿和普遍利用柴油机为动力设备的缘故，难以避免地会排放巨量的有毒有害的气体。常见的有一氧化碳、二氧化碳、含氧碳氢化合物、硫化氢和氨气等，会污染采矿厂局部的大气环境；如果当时气象条件不利和自然通风的不良，这样的局部污染将有可能蔓延至整个矿区的大气污染。

（2）矿区大气污染的另一重要因素，就是在选矿过程中产生的大量粉尘和有毒有害物质。有的矿区限于条件，在选矿环节的露天生产作业，碎矿时产生的粉尘就会很多，加上一些选矿化学药剂释放的有毒气体，这一切均会在极差的环境保护条件下集中爆发，造成矿区大气的严重污染。

（3）此外，构成矿区大气污染的因素还包括矿区繁忙的交通运输产生的富含对人体有毒有害的重金属物质的废气和矿区冶炼厂等产生的浓烟以及矿区燃煤产生的有害物质。这些因素也是不可忽视的。

3.1.3　固体废物污染

矿山开发过程中要向外排放巨量的低利用率、大堆积量的固体废弃物，也会形成矿区环境所特有的固体废物污染效应，这种固体废弃物同样会严重地污染矿区环境，使得矿区污染治理难度加大。

各种矿山在开采过程中所产生的废石和选矿生产过程中所排出的尾矿就是矿山固体废弃物。因为构成地壳的主要成分是各种种类的金属和非金属矿石以及围岩等，所以在矿石开采过程的环节，把围岩进行剥离，排放废石是必需的工序，而且需要经过选洗来提高采出的矿石品位，因此，很自然地就会有尾矿排出。这样一来，开采的矿石数量越大，因开采而排放的废石和尾矿的数量也就越多。而且工业的发展速度越来越快，矿石的需求数量也快速增加，但是自然的富矿却越来越少，今后开采的主要对象将是剩下的贫矿。可见，矿山固体废物的排放量将随着矿石开采量的增加而急剧增加。根据 1998 年的数据，全世界每个年度排放的废石和尾矿就已经高达 300 亿吨。这些排放和堆积的固体废弃物，使得矿山环境遭到严重的污染，矿山安全和人体健康遭受危害。因此，矿山环境保护的重要内容之一就是开展矿山固体废物的研究和治理[52]。

概括起来，矿山固体废物的主要危害包括以下几点：（1）土地的占用、地表的损伤和资源浪费；（2）水质和土壤污染、生物危害及农业生产的负面影响；（3）危及人身安全的滑动塌方的废石；（4）环境污染和对生态平衡的破坏。

3.1.4 重金属污染

在金属矿山中，含有众多重金属元素的废水有选矿废水、井下废水和冶炼厂废水以及煤矿的洗煤废水等。重金属含量很高的是矿业废弃地，有色金属矿业废弃地（物）的重金属含量更高，重金属含量最高的是尾矿和废弃的低品位矿石。这些露天堆放的含重金属量很高的废弃物，风化会加速，并由于降水、刮风等作用向周围区域扩散，将会导致出现严重的重金属污染问题。由于具有可迁移性差和不能降解的特性，重金属会在生态系统中持续地积累，也会继续增强其毒性，从而通过食物链影响人体健康，并导致这个自然生态系统的退化[59]。

3.1.5 噪音污染

矿山生产过程中产生的噪音，不但强度大，而且声级还高，噪音的来源很多，干扰周围的时间也很长，甚至大多是连续的噪音，从频率和频谱角度讲，也是很复杂的。此外，噪音反射能力还很强，衰减起来却迟缓。从产生噪音来源的角度，我们把矿山噪音源划分成井下噪音源与矿山地面噪音源两种类型。根据具体情况不同，还可以将矿山地面噪音源再详细地划分成选矿场噪音源和露天采矿厂噪音源以及机修厂噪音源等；矿山企业的爆破、通风、凿岩、提升和运输以及排水等生产工序产生井下噪音源。凿岩和通风设备产生的噪音是井下噪音中最大、持续时间最长的，而由爆破、矿石装卸和运输以及二次破碎等产生的噪音无论从分贝还是时间上都在其次。除了个别的噪音级超过 110dB（A）外，大部分井下噪音的声级都徘徊在 95～110dB（A）之间。矿山生产过程中造成的噪音是强度最大的噪音源，从其频谱特性来分析，大部分声源都呈中、高频噪音。矿山地面产生的噪音也大都超过 100dB（A），也同样是矿山噪音的重要来源。如在选矿和露天开采各个环节，往往都采用重型设备，其噪音不可小觑，还有诸如空压机、扇风机和缎钎机等设备，更是重要的噪音源。

对于矿山企业，由表 3-1 可以看出，在施工期将对当地自然环境和生态环境产生一定程度的不利影响。其中占用土地、平整场地对植被的破坏，可能引起水土流失，是施工期的主要环境问题，但其对环境的不利影响是局部的、短期的，随着施工的结束而消失。运行期对环境的影响是长期的，主要影响因素是尾矿库渗漏水对地下水的污染影响和尾矿库安全问题，其次为设备噪音及废气排放对环境的影响[60]。

表 3-1   矿山环境影响因子识别结果

项目阶段	影响因素	环境要素					特征污染因子			
		环境空气	地表水	地下水	声环境	生态环境	环境空气	水体环境	声环境	生态环境
施工期	施工作业	-1			-1	-2	粉尘		噪音	水土流失
	材料运输	-1			-1					

续表

项目阶段	影响因素	环境要素					特征污染因子			
		环境空气	地表水	地下水	声环境	生态环境	环境空气	水体环境	声环境	生态环境
运营期	废水排放			-1			粉尘有害气体	COD、SS 等	噪音	景观影响
	废气排放	-1								
	设备噪音				-2					
	固体废物			-1		-1				
	尾矿库	-1		-2						

注：表中 1—轻度影响；2—中等影响；3—重大影响。负号（-）为不利影响

3.2　环境质量评价方法

环境质量评价的方法很多，但大体来说，传统的方法有指数评价法、综合污染指数法、基于模糊理论的方法，近年来随着统计方法和机器学习方法的深入研究，又出现了基于灰色系统理论的方法、基于统计理论的主成分分析法和基于人工神经网络的评价方法。

在许多情况下，环境质量评价经常需要按照某些标准对环境进行等级划分，给用户以清晰的直观。环境评价系统是依据环境质量评价的目的，根据历史和现在的环境质量状况，经过汇总分析，在找出环境质量指数与实际环境污染的定量关系基础上建立起来的。环境质量评价系统应在实用中不断检验、修订，逐步完善，使之较为客观地反映环境质量状况。评价系统实际上是如何使评价结果更准确地反映环境质量的一种手段和标准。一般均按一定的指标对环境指数范围进行客观分段。其分段依据通常是污染物浓度超标倍数、超标污染物的种

数，以及不同污染物浓度对应的环境影响程度等。环境质量高低主要是从生态状况，尤其是人群健康状况出发。环境质量分级应力求使划分的质量级别与生物、人群健康受环境污染影响的程度相联系。具体方法可采用系统分级法。从污染物浓度分级，综合成环境要素的质量级别，进而再综合成环境单元的质量级别[61]。例如，空气环境质量标准值分为三级，一级标准为对一类区的要求，即对国家规定的自然保护区、风景旅游区、名胜古迹和疗养地的要求；二级标准为对二类区的要求，即对城市规划中确定的居民区、商业、交通和居民混合区、文化区以及农村等的要求；三级标准为对三类区的要求，即对大气污染比较重的城镇、工业区以及城市交通枢纽、干线等的要求[57]。

3.2.1　指数评价法

指数评价法是最早用于环境质量评价的一种方法，污染成分指数就是用水体各监测项目的监测数值与其评价标准进行比较的结果[53]。近十几年来，这一方法在环境质量评价中得到了广泛的应用，并有了很大的发展。它具有一定的客观性和可比性，常用于环境质量现状评价中[95]。根据不同的成分，单因子污染指数法和水质综合污染指数法两种方法共同组成指数评价法。这种方法具有计算便捷、使用容易和结果表达简单等优点；缺点也是很明显的，那就是环境质量分级系统不完善，质量标准不统一[95]。

设只有一种污染物作用于环境因素（空气、水质或土壤）的情况下，其环境质量指数的公式可写为：

$$P = c/s \tag{3-1}$$

式中：P 为环境质量指数；c 为该污染物在环境中的浓度；s 为该污染物对人类影响程度的某一数值或标准。

　　单因子污染指数表示单项污染物对环境污染影响的程度，如果一个地区某一种环境因素中的污染物是单一的或其中一种污染物占明显优势时，上述计算求得的环境质量指数大体可以反映出该环境因素质量的概况[53]。

　　综合污染指数表示多项污染物对环境综合污染的影响程度。若某一环境因素中有多种污染物，并且这些污染物之间并没有明显的激发或抑制作用[92]。这时，可以近似地认为它们基本上是各自独立发挥作用，环境质量指数计算公式就可写为下面的分指数的线性叠加式：

$$P = \sum_{i=1}^{n} \frac{c_i}{s_i} \tag{3-2}$$

　　综合污染指数法是指在通过数学计算得出每个单一因素污染指数的基础上，再通过数学计算得出一个综合污染指数。指数法的不同形式是由分指数的处理不同决定的，如算术平均型指数、简单叠加型指数、加权平均型指数，在评价具体环境污染因子时，又衍生许多不同表现形式，如用于评价水质量的罗斯水质指数、内梅罗指数、黄浦江污染指数、豪顿水质指数等[54]。

3.2.2　基于模糊理论的环境评价法

　　由于环境本身存在大量的不确定因素，各个项目的级别划分、标准确定都具有模糊性。查德教授是美国控制论专家，他于 1965 年创立的模糊理论，无论是在社会科学领域还是在自然科学方面，都已得到广泛应用。模糊理论可以运用数学方法研究分析和处理一些具有模糊性质的事物。这里所谓的模糊指的是边界不清晰，而事物的客观属性之一就是边界不清，模糊就是事物的差异之间存在的中间过渡过程。模糊评价是指用模糊数学原理对多种因素综合影响的事物或现象作出的综合评价，具有分辨性和可比性强的特点，该方法在处理各种难以用精确数学方法描述的复杂系统问题方面表现出了独特的优越性。模糊理论用隶属度刻划环境质量的分级界线，而隶属度可用隶属函数来表达。环境质量评价中，"污染程度"本身就是一个模糊概念，从而作为评价污染程度的分组标准也应是模糊的，像水质、大气、土壤的分级界线就是一个模糊界线。因此，在评价过程中，有必要用隶属度来描述它[57]。现在环境质量评价中常采用一个简单的数字指标作为分界线，界线两边截然分为不同级别。例如有的标准把一级水的溶解氧（DO）规定为 8.0 mg/L。如果实际情况是 8.1mg/L 则算作一级水，而 7.9mg/L 则算作非一级水，实际上 8.1 与 7.9 相差很小。所以这样分级不太客观。当采用模糊概念时，用隶属度来刻划这条界线就好得多。例如，DO 值为 8.1mg/L 时隶属一级水的程度达到 100%，而 7.9mg/L 时隶属一级水的程度为 95%，显然这样刻划分界线要合理得多。

在环境综合评价中已经得到普遍运用的模糊数学具有代表性的包括：模糊概率法、模糊综合评判法、模糊综合指数法等方法，其中的模糊综合评判法应用得比较多[57]。这种模糊综合评判法就是加权统计各类污染物的超标情况，但其中污染物浓度与毒性不是成简单的比例关系，所以，这种加权统计出来的结果与实际情况不一定完全一致。从研究的理论上来分析，模糊评价法符合客观规律，因为其能够充分体现水环境中客观存在的不确定性和模糊性，其合理性是显而易见的。但纵观当前的研究现状，失真、失效、跳跃等现象成为困扰采用线性加权平均极型方法者的最大难题，因为用这种方法得到的评判集容易出现环境质量分级类别判断不准，再就是得到的评判结果可操作性较差，不具有可比性。

3.2.3 基于灰色系统理论的环境系统评价方法

由我国学者邓聚龙教授 20 世纪 80 年代初提出的灰色系统理论，在相关领域得到广泛应用并迅速发展起来。灰色系统理论主要内容是研究如何解决灰色系统分析、建立模型、进行预测、控制和决策的理论。包括灰色关联度分析法、灰色聚类法和灰色局势决策法等方法均是基于这种灰色理论方法。作为现代评价理论的新方法，灰色理论的优势也是很明显的，主要包括：清晰的物理概念、严谨的推理过程、度量采用最优从属度和灰关联差异度以及最优化处理，这些比较优势在相当程度上消除甚至避免了某些环境污染因子参数异常值的影响。采用这种方法得到的评价结果精度高。当然其计算过程也较为复杂。环境的不确定性常常由于影响环境的变化因素不断增多和变化而逐渐增加。

在有限的时间和空间内监测得到的环境质量数据，其信息是不确切甚至不完全的。因为这些信息具有部分信息未知、部分信息已知但不确知的特性，因此，可将其中某一区域环境系统作为一个灰色系统来进行环境综合评价。运用灰色系统理论的环境质量评价法确定的评价环境的级别，是通过计算评价环境中各种污染物的实际测量浓度与各个级别的环境标准的关联度的大小得出的。根据已得到的计算结果，还可以优劣比较同类环境因素与该类标准环境因素的关联度大小。在环境质量评价中，这种灰色评价法已经得到日益广泛的应用，并取得令人满意的效果[61]。

3.2.4 基于层次分析法的环境系统评价

层次分析法是一种对复杂现象的决策思维进行系统化和模型化以及数量化的方法。这种方法于 20 世纪 70 年代由美国运筹学家萨阿蒂

(T. L. Saaty) 提出的。层次分析法已被广泛应用在现代水环境质量评价工作中，其作用主要是用来确定评价因子的权重系数。其基本思维路线是：首先建立递阶层次结构；其次就是构造两两比较判断矩阵；再其次计算各元素相对权重；接下来就是检验判断矩阵一致性；最后还要检验（方案层）元素的组合权重及总体一致性。层次分析法是一种简单的多准则评价决策方法，它用一定标准和尺度把人的主观判断进行客观的定量化界定，进而定量化地概括研究结论。缺点是由于这种方法的信息来源主观性强，权重系数往往随专家偏见和价值观的改变而变化，甚至可能因为时间的改变而变化，这样一来，评价结果的主观性就难以避免[62]。

3.2.5　基于人工神经网络的环境系统评价法

人工神经网络功能包括学习、联想、容错和抗干扰等，是一种动力学系统，这个动力学系统由大量处理单元组成的非线性自适应的动力构成，客观性很强。对人工神经网络进行环境评价应用时，首先要以环境标准为"学习样本"，经过以自我适应、自我组织为内容的数次练习，神经网络已经具备了关于学习样本的记忆与联想的能力，然后在人工神经网络系统中输入实际测得的数据资料，由已经具备记忆和联想功能并掌握相关知识信息的神经网络对输入的数据资料进行评价。因为与人脑的思维过程类似，用来解决某些有模糊性和不确定性的问题时，这个过程可以模拟人脑工作。人工神经网络优势很明显，应用于环境质量评价时，具有大量的可允许的供调节参数和全信息联想功能，还具备很强的自我组织、自我学习和自我适应甚至容错的能力。劣势就是如果碰到协同性较差的样本进行判断时，容易出现评价结果的平均化问题[58]。

　　从当前的情况来看，在进行环境质量评价时，反向传播模型的应用率最高。这种应用模型的原理是这样的：应用最陡坡降法的原理，最大可能地最小化函数误差，把由于输出网络造成的误差逐个层次反向地传播分摊到各个单元，在获取各个单元参考误差的基础上，对人工神经元网络进行相应的调整，最大可能地将网络的误差最小化。

3.2.6　基于主成分分析法原理的环境系统评价

　　环境系统是复杂的，这个复杂的环境系统由多维因子组成，这里的因子主要是各种污染物含量和指标变量，而因子与因子之间的相关系数不同，每个因子都从某个角度反映了环境的质量，但是很难根据它们对环境质量作出综合评价。基于统计学理论的主成分分析法，恰好是一种综合与简化高维变量系统的统计方法。其指导思想可以理解为假如可以将单个多维空间以最为有效的方式简化成一维，就能够把这一复杂的数集综合为指数。结合环境质量评价来看，这种方法就是用较少甚至单个的分指数或综合指数，将原来多个因子的信息做最大限度地反映，而且能够和原来多个因子指标呈现的组合方式是线性的。主成分的排序原则是按信息量大小，通常总信息量的大部分都包含在前几个主成分中[63]。所以，只用前几个主要的成分进行随后的分析就可以，因为即使这样主要的信息也不会因此而损失。主成分分析是一种比较成熟的多元统计分析理论方法，在电子计算机计算技术发展愈发成熟的今天，主成分分析方法因其计算简便等优势，在环境质量的综合评价中得到广泛应用。运用主成分分析方法，能够得出某个环境质量影响的若干综合性的指标，不但使得原始的主要信息得以保留，又使这些指标之间没有相关关系，优越性比原始变量强，容易在研究错综复杂的环境问题时，集中精力，抓大放小，解决主要矛盾。可以选取适合的单个项目指标，是主成分分析法在水质评价中的独特之处，选取的指标值含有主要的既能反映主要问题又彼此独立的污染物信息，能够有效地消除不相关指标对结果的影响，客观性较强。作为一种使用范围较广的评价方法，主成分分析法的缺点是精度方面有所欠缺。

3.3 基于 SVM 的环境质量评价方法

环境质量评价是一个涉及多种影响因子的复杂体系，由于存在诸如物理、化学和生物学以及人类活动等多方面的影响因素，将这些因素都考虑进去是现有的质量评价模型很难做到的，这给控制污染工作、进行资源规划和进行科学管理决策都有很大影响。

单因子污染指数法不能将环境因素整体污染程度反映出来，而只能表明某种污染物体对水质污染的程度，评价结果只能定性地说明某种污染物污染程度的轻重，而且不能明确污染等级，与之不同，综合污染指数法可以对整体环境因素做出评价，进行综合评价时，只要提供的项目、标准和监测结果准确，其评价结果在整体上是能够反映环境因素污染性质与程度的，而且容易比较同一观测对象在空间和时间上的大致污染和变化状况，目前在进行环境质量评价时，综合污染指数法用得较多，但该方法是假定污染因子的分级函数是线性的，这种假设是出于数学模型简化而考虑的。综合污染指数法虽然操作实用性强，但实际应用中以最高的 API 指数代表其污染程度，丢失了许多宝贵的中间信息，使得综合评价结果容易失真[53]。模糊理论用隶属度刻划环境质量的分级界线，该方法在处理各种难以用精确数学方法描述的复杂系统问题方面表现出独特的优越性[57]。但隶属函数难以定义，过程较为烦琐。而且在隶属函数构造和权值的选取上存在一定的人为因素，有时会造成一些重要数据资料信息的损失，如此一来，得出的结果容易出现主观性强和欠精确，适用范围受限。

由于环境系统是一个综合性的错综复杂的多因素系统，每个因素之间的关系都是非线性的，而高度的非线性映射能力正是人工神经网络特有的功能，对复杂的评价因子间的非线性关系能够很好地反映，反映结果能够接近任意函数。与此同时，自我组织、学习和自适应是人工神经网络的特点，良好的容错和泛化能力是其特长，而且可以进行大规模的并行处理与信息储存，能够在一定程度上解决决策人员主观性强引起的不确定性问题，增强结果的客观性。基于人工神经网络的环境评价法的分级效果要好于综合污染指数法，但该方法的缺点是训练人工神经网络过程复杂，而且容易陷入局部极小值[58]。

支撑向量机是（SVM）一种机器学习方法，是基于统计学理论的一种数理统计方法。这种方法能够自动搜索支撑向量，这些支撑向量对分类有较好的区分能力，由此建立起来的分类器可以使得类之间的间隔最大化，因而泛化能力良好，分类准确率也较高。支撑向量机已在模式识别和回归分析等领域被成功地广泛应用，已经是一种通用的机器学习算法[64-65]。针对以往质量评价的优缺点，本书提出一种基于概率 SVM 的环境质量评价方法，该方法不仅具有像模糊理论那样提供概率意义的分级效果，同时不用定义复杂的隶属函数，并且具有较好的分类能力。

3.4　支撑向量机理论

SVM 理论的发展是从研究线性可分情况下的最优分类面现象开始的[64]，图 3-1 的两维情况可以用来说明其基本思路。从图 3-1 中可以看出，实心点和空心点表示两种类型的样本，H 为分类线，H_1、H_2 分别为各类中距离分类线最近的样本且与分类线平行的直线。H_1、H_2 之间的距离称为分类间隔（Margin）。如果分类线符合这种要求就可以称为最优分类线：这个分类线不但正确分开两类，而且各类的间隔距离最大。

对于线性可分的样本集（x_i，y_i），$i=1$，…，n，$x \in R^d$ 类标示为 $y \in \{+1, -1\}$，而分类线方程满足：

$$y_i[(w \cdot x_i) + b] - 1 \geq 0, i=1,\cdots,n \qquad (3-3)$$

其分类间隔 $= 2/\|w\|$，让其间隔最大等价于使 $\|w\|^2$ 最小。满足条件（3-3）并且使 $\frac{1}{2}\|w\|^2$ 最小的分类面就称为最优分类面，H_1、H_2 上的训练样本点就被叫做支撑向量。

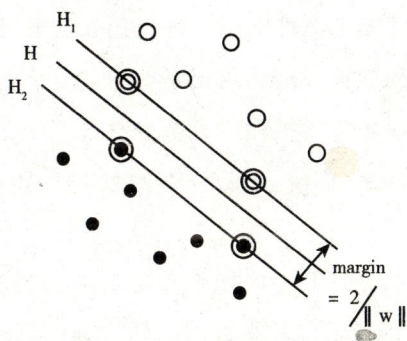

图 3-1　最优分类面

如果要把上面所示的最优分类面问题转化成为求取对偶，可以利用 Lagrange 优化方法。即：

在约束条件

$$\sum_{i=1}^{n} y_i\alpha_i = 0 \qquad (3-4a)$$

与 $\alpha_i \geq 0$　$i=1$，…，n $\qquad (3-4b)$

条件下对 α_i 解出下面函数最大值：

$$Q(\alpha) = \sum_{i=1}^{n} \alpha_i - \frac{1}{2}\sum_{i,j=1}^{n} \alpha_i \alpha_j y_i y_j (x_i \cdot x_j) \qquad (3-5)$$

α_i 是当初提出的问题中与约束条件（3-3）互相对应的 Lagrange 乘子。这是一个存在唯一解的不等式约束条件下的寻优的二次函数问题。容易证明，求出的解中将只有一少部分 α_i 不是 0，支撑向量就是这些对应的样本。上面解方程求出的最优分类函数如下：

$$G(x) = \text{sgn}\{(w \cdot x) + b^*\} = \text{sgn}\{\sum_{i=1}^{n} \alpha_i^* y_i (x_i \cdot x) + b^*\}$$

$$(3-6)$$

实际上，在上式中只求和支撑向量。b^* 表示分类阈值，能够通过代入任何一个支撑向量求出[65]。

将非线性问题转换为线性问题，可以通过先转化某个高维空间的线性问题，再将空间变换，最后求出最优分类面。这种思路常常因为变换比较复杂而难以实现。然而我们需要注意，上述对偶问题中，无论是寻优目标函数（3-5），还是分类函数（3-6），均仅仅涉及训练样本与训练样本间的内积运算（$x_i \cdot x_i$）。设有非线性映射 Φ：$R^d \to$ H 将输入空间的样本，映射进可能是无穷维的高维的特征空间 H 中。当在特征空间 H 中构建最优超平面的时候，训练算法仅仅使用空间之中的点积，即 $\Phi(x_i) \cdot \Phi(x_j)$，但是无单独的 $\Phi(x_i)$ 出现。所以，加入可以寻觅到函数 K，使 $K(x_i \cdot x_j) = \Phi(x_i) \cdot \Phi(x_j)$，如此，实际上在高维空间仅仅需要进行内积运算，而原空间中的函数就能够实现这种内积运算，连知道变换 Φ 形式必要性都不存在。依据泛函数相关理论原理，只要一种核函数 $K(x_i \cdot x_j)$ 可以充分满足 Mercer 定理的条件全部需求，它就与某一个变换空间中的内积相互对应。

所以，应用合适的内积函数 $K(x_i \cdot x_j)$，在最优分类面中就能够实现某一非线性变换后的线性分类，但是计算的复杂程度不见加大，这时候，目标函数（3-5）已经变成：

$$Q(\alpha) = \sum_{i=1}^{n} \alpha_i - \frac{1}{2} \sum_{i,j=1}^{n} \alpha_i \alpha_j K(x_i \cdot x_j) \qquad (3-7)$$

但是，其相应的分类函数也已经变成：

$$G(x) = sgn\left(\sum_{i=1}^{n} \alpha_i^* y_i (x_i \cdot x) + b^* \right) \qquad (3-8)$$

图 3-2 表示的是支撑向量机的决策过程。支撑向量机分类函数从形式上看，很像一个神经网络，中间节点的线性组合为输出，各个中间节点都与一个支持向量相对应，而核函数可以作为样本与样本间的一种距离度量看待。

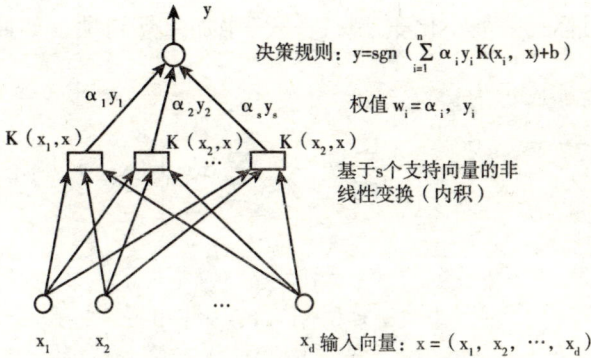

图 3-2　SVM 的决策过程

实践中，有时要用 SVM 对样本进行估算，以确定其属于某一类的可信度，构造一种能产生后验概率的分类器。这时候，无须进行具体的分类判决，只需要获知样本到达某种类型分界面的距离。这个距离就是支撑向量机的软输出：

$$f(x) = \sum_{i=1}^{s} (\alpha_i^* y_i K(x_i, x) + b^*) \qquad (3-9)$$

借鉴普拉特（Platt）的理论[66]，用一个 Sigmoid 函数，就能够获得支撑向量机的后验概率估计，如下所示：

$$P(y = +1 \mid x) = \frac{1}{1 + \exp(Af(x) + B)} \qquad (3-10)$$

A，B 表示待定系数，能够使用极大似然估计方法来求解获得。

上述方法最好的推广性能，可以通过最大化分类间隔来获得，但是在保证训练样本全部被正确分类（即经验风险为 0）的前提下才能实现。实际中，我们可以通过引入正的松弛因子 ξ 来允许错分样本的存在可以求得在经验风险和推广性能之间某种均衡。此时，约束条件（3-3）转变为：

$$y_i[(w \cdot x_i) + b] - 1 + \xi_i \geqslant 0, i = 1, \cdots, n \qquad (3-11)$$

但在目标——最小化 $\frac{1}{2} \parallel w \parallel^2$——中加入惩罚项，如此，Wolf 对偶问题就能够表示为：

$$\max_{\alpha} Q(\alpha) = \sum_{i=1}^{n} \alpha_i - \frac{1}{2} \sum_{i,j=1}^{n} \alpha_i \alpha_j K(x_i \cdot x_j) \qquad (3-12)$$

$$\text{s. t.} \sum_{i=1}^{n} y_i \alpha_i = 0$$

$$0 \leqslant \alpha_i \leqslant C \quad i = 1, \cdots, n$$

上式中，C 为常数，实际上 C 的作用就是控制对错分样本惩罚的程度，以帮助其完成在最少错分样本与最大分类之间的间隔折中的任务。

构建实现输入空间中不同类型的非线性决策面的学习机，可以用不同核函数来完成。经常被使用的核函数包括下列几种：

（1）线性核函数（Linear Kernel）。

$$k(x_i, x_j) = x_i^T x_j \qquad (3-13)$$

（2）多项式核函数（Polynomial Kernel）。

$$k(x_i, x_j) = (s x_i^T x_j + r)^d \qquad (3-14)$$

式中的 d，s，r 都是常量。很明显可以看出，线性核函数是多项式核函数的一个例外情形。

（3）径向基核函数（Radical Basis Function，RBF）。

$$k(x_i, x_j) = \exp(-\gamma \parallel x_i - x_j \parallel^2), \gamma > 0 \qquad (3-15)$$

式中的 γ 是常量。

（4）双曲正切 S 核函数（Tanh Function）。

$$k(x_i, x_j) = \tanh(r(x_i^T \cdot x_j) + \theta) \qquad (3-16)$$

式中的 γ 与 θ 是常量。

总而言之，SVM 首先通过用内积函数定义，将待解决的非线性问题转换为某个高维空间的线性问题，在该高维空间中求出最优分类面[108]。支撑向量机分类函数从形式上看，很像一个神经网络，中间节点的线性组合为输出，各个中间节点都与一个支持向量相对应，所以也有人称其为支撑向量网络。支撑向量机是一种新颖的小样本学习方法，这种方法有坚实的理论基础。与现有的统计方法不同，这种方法基本上与概率测度及大数定律等无关。透过现象看本质，SVM 绕开了自归纳至演绎的全部过程，实现了高效率的自训练样本至预报样本的"转导推理"，极大程度地对通常的分类和回归等问题进行了简化。

3.5　实例分析

在矿山建设项目中，大气污染是其中一项重要的污染源，采矿生产过程中产生含粉尘和 SO_2、NO_x 等有害污染成分气体，对矿工的安全和健康构成极大威胁，由于国标对严重污染程度的描述不够具体，为更详细描述矿区污染状况，有效区分污染程度，我们将原标准《环境空气质量标准》（GB3095—1996）扩展为四级来制定模型评价标准，如表 3 - 2 所示。国标的前三级标准维持不变，第四级标准参照原二级标准的时均浓度值制定，四级分别表示清洁、良好、污染、重污染，相应评语集 V = ｛Ⅰ级，Ⅱ级，Ⅲ级，Ⅳ级｝，并将各级分别赋予量化值。

表 3 - 2　　　　　　　　　　大气污染评价等级

分　　类	大气污染评价等级			
污染物	Ⅰ级	Ⅱ级	Ⅲ级	Ⅳ级
SO_2（mg/ m³）	0.05	0.15	0.25	0.50
TSP（mg/ m³）	0.12	0.30	0.50	1.00
NO_x（mg/ m³）	0.05	0.10	0.15	0.30
降尘 $\times 10^{-3}$（t/km² · a）	0.10	0.20	0.30	0.60

对于原始数据，由于量纲不同，需要把不同范围的因子进行标准化。通过标准化方法把数据限定在范围内，其标准化方法如下：

$$X_{ij} = (X_{ij} - X_{jmin})/(X_{jmax} - X_{jmin}) \qquad (3 - 17)$$

其中 X_{ij} 是第 i 个样本的第 j 项指标值。X_{jmax} 是第 j 项指标值的最大值，X_{jmin} 是最小值。然后将标准化后的监测样本代入 SVM 分类器，输出结果即为综合评价等级和该等级的后验概率。

大气环境质量评价属于多分类问题，SVM 多分类问题的算法主要有一对一（1 - v - 1）和一对多（1 - v - r）两种，其中一对一模式已经被证明其性能优于一对多模式，因此本书采用一对一（1 - v - 1）模式，一对一（1 - v - 1）算法是指每类仅仅在 k 类中的二类样本上进行训练，共需构造 N = k（k - 1）P2 个二分类器。

　　我们利用 Stprtool 工具进行 SVM 训练[67]，Stprtool 采用基于 SMO（序列最小优化）的快速算法训练 SVM，同时支持 SVM 后验概率估计算法。采用 5 - fold 交叉验证优化参数，其基本思想是首先将样本随机等分成 5 份，每份中的二类样本数有相同的比例，然后轮流选择其中 1 份为测试集，其余 4 份为训练集，进行交叉验证，不断调整核参数，当测试误差达到理想值时，即可得最优核参数 C 和 γ，得到的分类器即为理想分类器。实验中将 RBF 作为首选核参数，这是因为 RBF 函数可以将样本非线性地映射到更高维的空间中，从而解决类别和属性间非线性的关系。另外 RBF 数值限制条件少，模型复杂度低。

　　下面通过涞源县银山口铅锌矿为例，来进一步验证提出的方法的可靠性。对矿区及其附近的 7 个观测点进行观测，通过不同方法进行大气环境质量评价，表 3 - 3 为模糊评价法、ANN 和 SVM 在训练集和测试集的平均分类正确率，该结果表明采用统计的方法（ANN 和 SVM）的分类效果要优于模糊评价法。进一步，我们分别用 ANN 和 SVM 方法进行分级效果比较，测得的数据如表 3 - 4 所示。该表的结果表明，除了在第 6 个测试点的评价结果不同外，SVM 方法的评价结果和 ANN 完全相同，这说明 SVM 方法的结果是比较可靠的，然而，本书提出的 SVM 方法除了提供评价结果外，还提供评价结果的可靠程度（后验概率），这是 ANN 方法所不具备的。

表 3 - 3　　　　　　　　　　评价方法结果对比

分　类	模糊评价法	ANN	SVM
训练集	96%	99%	99%
测试集	94%	96%	96%

表 3 - 4　　　　　　涞源县银山口铅锌矿大气环境质量评价结果比较

测试点	SO$_2$	NOx	TSP	降尘 × 10^{-3}	ANN 评价结果	SVM 评价结果	后验概率
1	0.0400	0.039	0.4619	0.2150	Ⅲ	Ⅲ	0.95
2	0.0291	0.0261	0.2739	0.1841	Ⅱ	Ⅱ	0.58
3	0.0189	0.0190	0.2859	0.1801	Ⅱ	Ⅱ	0.57
4	0.0322	0.0242	0.3681	0.2239	Ⅱ	Ⅱ	0.53
5	0.0480	0.0380	0.3419	0.1530	Ⅱ	Ⅱ	0.19
6	0.0280	0.0201	0.2321	0.1341	Ⅱ	Ⅰ	0.15
7	0.0092	0.0064	0.1617	0.0481	Ⅰ	Ⅰ	0.59

3.6　本章小结

　　本章提出了采用支持向量机进行环境综合评价的方法，该方法的核心是通过统计方法构造小样本分类器，只需将相应的评价标准数据和监测数据提供给 SVM 分类器，分类器的输出即为评价结果。与传统方法相比，该方法计算简便，避免了模糊综合评价和灰色聚类等方法权重赋值和隶属函数确定中的人为因素的影响，能够充分利用训练样本的分布特性在模型的复杂性和学习能力之间寻求最佳折中；解决了样本数据不足带来的问题，保证了较好的泛化性能和评价效果。

第4章 矿山循环经济评价指标体系构建与评价

循环经济的评价指标体系是循环经济研究中的一个重要问题，只有科学严谨地建立一套循环经济评价指标体系，才能对循环经济的发展状况利用一定的方法和手段来进行监测和预测，从而科学客观地评判循环经济发展水平，找出问题之所在。循环经济评价指标体系以循环经济的基本原则作为基础，根据所评价对象的特点，通过不同层次、不同侧面对其进行描述。循环经济评价指标体系可以作为国家建立循环经济统计制度的基础，也可以作为各级政府、工业园区和企业在制定循环经济发展规划和管理的重要依据，因此，就企业而言，建立一套合适的循环经济评价指标体系极为重要[71]。虽然目前已有部分学者对国家、社会、生态园区等领域的循环经济的评价指标体系进行了一些初步探索，但目前仍然缺乏行之有效的能够反映矿山企业循环经济发展状况的评价指标体系。另外，现有的评价方法对于简单的指标体系评价较为有效，但对于复杂的指标体系直接应用性能不佳。因此，本章将讨论如何构建矿山企业的循环经济评价指标体系，并给出了一种适合于评价矿山企业循环经济指标体系的有效方法。

4.1　循环经济评价指标建立的原则和方法

指标建立的原则

根据矿产资源开发利用的特点，循环经济的关键特点是要处理好经济增长与资源环境保护之间的关系，以尽可能小的环境代价和资源消耗，实现经济和社会效益的最大化，力求把经济社会活动对资源的需求和生态环境的影响降低到最小程度。所以循环经济的指标建立不仅要兼顾经济效益，还必须同时兼顾生态效益和经济效益。

1. 科学性原则

在设计循环经济评价的有关指标体系时，要充分地反映和体现出循环经济的内涵，从科学的角度出发，准确、系统、完整和具体地把握理解循环经济的真正内涵。评价指标能对循环经济系统各层次、各环节的物质和资金投入、产出内容进行高度的抽象和概括，揭示其性质、特点、关系和运动过程的内在规律[72]。评价指标体系应能够反映事物的主要特征，具体指标能够反映出循环经济主要目标的实现程度。测算方法标准，统计方法规范，能全面、客观、准确地反映资源和物质的利用和循环利用情况，符合循环经济发展的内涵，评估循环经济的侧重点在于通过资源的循环使用以节约资源、提高资源的利用率、提高物质循环利用率、减轻环境负荷，在这点上有别于纯粹的保护环境与生态[73]，因此在选择、确立矿山企业循环型评估指标时要全面遵循"3R"原则，指标要充分体现减量化、再使用、再循环状况及由此产生的效益。

2. 完备性原则

完备性要求指标体系覆盖面广，能全面并综合反映循环经济发展水平和资源利用效率的状态和发展趋势。循环经济指标以"3R"原则为重点，涉及经济、社会、资源、环境的各个方面。指标体系的内容简单明了、准确、具有代表性。各项指标及其相应的方法要力求规范化，有明确阐义。通常，要想更加客观、准确地反映现实就应将指标设置得更多、更细、更全面。然而，与之相对应的是，数据收集和加工处理的工作量却随着指标量的增加而增加。而且，过细地划分指标，指标之间往往会发生重叠，还会出现互相冲突的问题，显然不利于对综合分析的评价。因此，在相对比较完备的情况下，指标体系中的指标数量不宜过多，指标的数目应通过筛选尽可能地压缩，避免指标间的重叠，使评价目标和评价指标有机地联系起来，组成一个层次分明的整体[74]，从而较好地度量一个地区或一个企业循环经济发展水平。

3. 系统性原则

发展循环经济这个系统工程是复杂的，评价指标体系具有高层次、广涵盖和较强的系统性特点，而且必须对循环经济发展的各个方面都能够进行全面反映。由于包括若干个子系统，循环经济应采用不同的指标，适用于不同层次，这样对于政府决策者对社会和经济的发展在不同层次上进行调控更加有利，能更有效地配置资源。根据目次分析法和系统分解法，一般的做法是，先把总目标分解为若干个次级指标，再把这些次级指标分解为若干个三级指标，对这三个层次，可分别称为目标层、准责层、指标层，进而构成一个树状结构的指标体系，让体系的每个要素（单个指标）均能满足整个系统的优化要求。

4. 可测性原则

数据的可测性和量化指标的难度是评价指标体系应该首先充分考虑的，其次就是要注意定量与定性的结合问题。应尽可能量化循环经济评价指标体系，但是如果一些有重大意义而又很难量化的指标，采用定性分析的方式也是不错的选择。定性分析也要采用一定的量化手段相配合，比如采用专家问卷调查形式，就是确定一些难以量化的指标的可行方法。因为采用专家调查方式存在某些困难，很容易产生随意性，所以，进行指标体系设计的时候，要尽量缩减难以量化的指标的数量。另外，指标的计算不要过于复杂，要有明确的计算方法，而且要有比较容易获得和比较可靠的计算所需的数据。因为最终目标是指导、监督和推动循环经济的发展，因此，评价指标设定的各项指标应该具有可观性、可比性和可测性的特点[75, 76]。

4.2　循环经济评价指标体系研究进展

循环经济评价指标体系的建立，除了要遵循科学、完备、系统和可测的原则，还要与时俱进，这是发展矿业循环经济的重要内容。构建矿山企业发展循环经济的评价指标体系，有助于指导企业全面认识和发展循环经济，为以后循环经济系统建立后的评价和监控提供标准，为企业优化管理决策提供依据。它是帮助矿山企业推进循环经济发展的有力手段。

近年来，学者努力从不同角度建立的循环经济发展的评价体系，归纳总结起来，可以从三个方面认识。

1. 循环经济评价指标体系在区域社会层面的研究

区域社会层面循环经济评价体系是综合评价与研究某区域内的社会、经济以及生态环境系统协调发展状况的依据和标准，是按隶属关系、层次关系原则组成的有序集合。这个集合中的指标能够综合反映区域社会、经济、生态环境系统的不同属性[83]。

学者冯之浚对循环经济评价体系的设计基础进行了分析，并以此为基础，构建了循环经济发展的概念和调控模型，完成了循环经济评价体系的总体框架[26]。三个子系统构成这个总体框架，包括社会子系统、经济子系统和生态环境子系统。社会子系统又可细分为就业、平等、福利和安全四个次级指标；数量和质量是经济子系统的两个二级指标；生态环境子系统包括了减量化和无害化两个二级指标。在此基础上，又都量化设计了各二级指标。在对各种衡量经济社会发展指标和全面建设小康社会指标体系分析研究的前提下，马世忠建立了循环经济评价指标体系，这个体系由社会系统、经济系统和生态环境系统共同组成[84]。

牛桂敏的研究内容主要是在遵循循环经济评价指标体系的构建原则基础上，根据循环经济的目标和内涵，研究构建了循环经济评价指标体系[85]。这个循环经济评价指标体系含有准则层、目标层和指标层 3 个层次，又包含了资源消耗指数、经济增长指数、科技进步指数、资源利用效率指数、废弃物排放指数和资源环境循环利用 6 个子模型，还包含 36 个指标。

张扬的循环经济评价指标体系[75]是从循环经济目标出发，采用"目的树"的分析方法构建的。具体包括社会系统、生态环境系统和经济系统。其中，社会系统由社会发展、社会稳定和社会公平 3 个二级指标构成；生态环境系统由生态环境保护、生态环境管理和生态环境质量 3 个二级指标构成；经济系统涵盖了经济发展、自然资源消耗与利用和科技支撑力制度与管理 3 个二级指标。这些系统中的各二级指标又被分为多个三级指标，而且均可量化。建立了评价指标体系之后，接下来通过运用层次分析法和主成分分析法，分别综合测算循环经济发展水平。杨华峰的循环经济评价指标体系也是包括了社会系统、经济系统、生态环境系统 3 个部分[81]。其中，社会系统包括社会发展、社会稳定、社会公平 3 个二级指标；经济系统涵盖了经济发展、资源消耗、科技支持、法规政策 4 个二级指标；而由生态环境质量、生态环境保护、生态环境管理 3 个二级指标构成了生态环境系统。多个可量化的三级指标又构成相应的二级指标。

韦惠兰等人构建了由经济—环境—社会现状、经济—环境—社会协调能力和科技创新支持状况 3 个二级指标组成的区域循环经济评价指标体系[77]，这些二级指标分出的多个三级指标是可以量化的。在此基础上，分级评估了区域循环经济发展状况，评估方法运用的是灰色系统理论的灰色聚类理论。

依据循环经济的基本内涵，严刚划分的区域循环经济发展评价指标体系总体框架为三个层次[78]：目标层、要素层和指标层。这里的目标层是指循环经济发展水平综合评价指数；而要素层主要包括废物循环利用率、资源能源利用效率和环境污染治理状况三个方面，把重点反映区域社会经济发展中资源能源消耗、环境保护与经济之间的关系作为其宗旨所在；指标层综合了该要素有关方面的各种指标，是各要素层的具体指标。

2. 从企业和生态园区的角度进行研究

生态工业园区的一种重要表现形式就是循环经济。近些年来，在对生态工业园区的基本理论与方法这个课题中，国内外研究的重点大多集中在建设工业生态园的理念思路和生态园区的生态规划上，鲜见有对于生态工业园区的评价指标体系的研究。中国国家清洁生产中心的元炯亮研究了生态工业园区的评价指标体系[24]，提出了包括经济指标、生态环境指标、生态网络指标和管理指标在内的生态工业园区评价指标体系的框架。经济指标由 2 个指标组成，分别是用来反映当前经济发展水平和经济发展潜力；包括环境保护、生态建设和生态环境改善潜力几个方面的指标构成了生态环境指标；生态网络指标主要反映物质集成、能量集成、信息共享和水资源集成以及基础设施共享的效果，属于工业生态园区的特征指标；管理指标的内容主要有政策法规制度、管理和意识等。

薛守忠对煤炭循环经济园区评价指标体系的研究内容主要集中在分级上，他先把指标体系分为一级指标和二级指标，一级指标包括生态环保、物质循环和经济管理 3 个指标，将二级指标又分成 13 个子指标，并采用数据分析（Data Envelopment Analysis，DEA）对循环的有效性进行分析评价[25]。

徐凤君等人的循环经济综合评价指标体系，则是从企业、生态工业园区、社会三个层面上分别构建的[74]。其中，企业层面的指标体系由减量化、再利用及资源化和无害化 3 个指标组成；生态工业园区层面的指标体系由经济、生态环境、生态网络和管理 4 个指标组成；社会层面的指标体系则是由经济系统、生态环境系统和社会系统 3 个指标组成。在这些评价指标的基础上，又建立了称为模糊综合评价模型的循环经济综合评价的模型，此模型可以为循环经济的评价提供定量分析方法。

相对于社会层面和工业园方面的循环经济研究，面向企业循环的经济评价指标体系的研究相对较少。南开大学的李健教授研究了依据循环经济的企业绩效评价指标体系的结构及其评价方法[37]，他认为在对企业绩效进行评价时，应全面考虑绿色效果、经营效果、生产过程属性、销售与消费属性、能源属性、环境效果和发展潜力七个方面对企业的影响，并分别为各个方面设定了相应的指标，以便于进行评价，从而构成了一个多目标评价的指标体系。周兴龙对企业层的循环经济研究中，提出了选矿厂物质流实物核算和价值流分析的二元微观物质流分析方法[13,14]，将选矿常用的金属平衡法引入到选矿厂物质流分析实践中，建立了选矿厂实物流核算和价值流分析的方法和模型，通过物质流和价值流方法来衡量循环经济的发展状况。

3. 从资源综合利用和环保的角度进行研究

相对于其他方面的应用，矿业资源领域更迫切需要发展循环经济。国内外对这方面的研究比较多。赵波设计的循环经济发展评价指标体系，是在循环经济运行基本模式研究的基础上建立的，包括目标层、控制层和具体指标层三个指标[71]。目标层主要是循环经济总体的发展水平；控制层则是由经济与社会发展、资源减量投入、资源循环利用和生态环境质量四个指标构成；具体指标层包括了多个可量化的具体指标。此评价体系可以全面评价从经济运行系统的内部和外部、系统的输入端和输出端四个方面的循环经济发展水平。

沙景华通过多层次来设计矿业循环经济评价指标体系[86]，分为总体目标层：表达矿业循环经济总体能力的发展，以及矿产资源的循环经济发展战略总体态势和总体效果；系统层：矿业循环经济发展总体目标分解为：经济社会效益指标体系、矿产资源开发利用效益指标体系、矿产资源综合节约循环利用程度指标体系、生态环境效益指标体系四个子目标状态要素，根据循环经济发展的理论体系，按照矿产资源及开发利用的逻辑关系分列矿产资源对经济社会发展的影响效益、矿产资源开发利用能力效益、矿产资源综合节约循环利用能力程度、生态环境效益四个方面问题。

值得一提的是,2006 年,国家统计局"循环经济评价指标体系"课题组提出的循环经济评价指标体系分宏观和工业园两个层次[90],如表4-1和表4-2所示。宏观层面建立一套科学的、具有可操作性的循环经济评价指标体系,用于对全社会和各地发展循环经济状况进行总体的定量判断,为循环经济管理及决策提供依据。工业园区指标主要用于定量评价和描述园区内循环经济发展状况,为工业园区发展循环经济提供指导。宏观循环经济评价指标体系由五大指标构成其基本框架,这五大指标分别是资源产出、资源消耗率、资源综合利用、再生资源回收利用和废物处置降低。工业园区指标由资源产出、资源消耗、资源综合利用和废物处置降低四大部分的指标组成。上述指标体系的构建,为建立循环经济指标体系提供了很好的建设性的参考。但由于循环经济本身连续不断的发展,导致目前的统计制度还不能满足循环经济指标体系的要求,所以这些指标体系仍需进一步加以健全和完善。

表4-1　　　　　　循环经济评价指标体系（宏观）

分　类	指　标
一、资源产出指标 二、资源消耗指标	资源产出率 万元国内生产总值能耗 万元工业增加值能耗 重点行业单位产品能耗 万元国内生产总值水耗 重点行业单位产品水耗 农业灌溉水有效利用系数
三、资源综合利用指标	工业固体废物综合利用率 工业用水循环利用率 城市生活污水再生率 城市生活垃圾资源化率 农业秸秆综合利用率

分 类	指 标
四、再生资源回收利用指标	废钢铁回收利用率 废有色金属回收利用率 废纸回收利用率 废玻璃回收利用率 废塑料回收利用率 废橡胶回收利用率
五、废物处置降低指标	工业固体废物排放（含处置）降低率 工业废水排放降低率

表 4 - 2　　　　　　　　循环经济评价指标体系（工业园区）

分 类	指 标
一、资源产出指标	主要矿产资源产出率 土地产出率 能源产出率 水资源产出率
二、资源消耗指标	万元生产总值能耗 重点产品单位能耗 万元生产总值水耗 重点产品单位水耗
三、资源综合利用指标	工业固体废物综合利用率 工业用水循环利用率 工业废水再生率
四、废物排放降低指标	工业固体废物排放（含处置）降低率 工业废水排放降低率

4.3　构建矿山循环经济评价指标体系

　　构建矿山企业循环经济系统构建的重心在于如何把资源有效开采利用与环境保护相结合，达到社会效益与企业的经济效益和谐统一的目的。循环经济的发展不只是生产技术与经济理论的发展，更重要的是在经营管理的各个层面充分贯彻循环经济思想，使循环经济成为企业发展的根本[94]。循环经济指标的建立必须兼顾社会、经济、生态环境等多方面因素。根据循环经济的基本内涵和特点，矿山企业的循环经济必须考虑以下两个层面：

（1）矿山生产企业内的小循环。企业内部的循环利用，要求企业在生产中，必须优先采用清洁生产技术，实行清洁生产审核，使单位产品能耗、物耗、水耗及污染物排放量达到符合国家环保要求。所以，在实践中我们采用以下思路来设计矿山企业的循环经济指标体系：①按照生产企业的工艺流程，综合考虑资源利用和环境治理的情况下来设计指标。对矿山企业而言，其生产流程通常包括采矿、选矿、冶炼三个环节，需要从这三个环节入手来设计指标。②结合社会、经济、生态环境的目标构建指标之间的结构框架，形成一个多指标综合评价体系。

（2）整个矿区（包括矿山生产企业及配套企业之间的中循环）的循环。企业间或产业间的生态工业网络，主要指企业之间的物质循环，遵循生态学的一般原理，经过企业与企业之间的物质、能量和信息集成，达成企业与企业之间的工业代谢和共生关系，共同促进循环经济发展。

依据循环经济的内涵和目标，遵循循环经济评价指标体系的构建原则，我们构建了循环经济评价指标体系的框架。该循环经济评价指标体系包括 4 个层次（目标层、准则层、指数层、指标层），目标层明确了总体目标，即指导和评价循环经济发展；系统层含 4 个子系统，结构层包括 10 个层面，指标层有 28 个指标。

（1）目标层。目标层反映循环经济系统整体发展水平和发展趋势，其计量来源于所属准则层的 4 个子模块。循环经济综合评价指数是在目标层测算得到的最终结果，反映矿山循环经济系统的综合发展水平。

（2）准则层。准则层由经济社会发展、能源消耗、资源节约循环利用、生态环境质量 4 个子模块构成。

（3）指数层。指数层对准则层进行细化，由经济社会发展、能源消耗、资源节约循环利用、生态环境质量 4 个子模块构成。

（4）指标层。评价指标体系的主要计量工作是在指标层进行的。对应准则层的 4 个子模块，我们需要在指标层完成 4~5 个指标的基础测算。

表 4-3 给出了本书提出的适用于矿山企业循环经济评价的指标体系，和以往提出的循环经济评价指标体系相比[86,87,94,97,98]，本书提出的指标体系具有以下特点：①综合考虑资源利用和环境治理情况，并依据矿山企业的采选冶生产流程入手来设计指标，具有鲜明的应用特征；②结合社会、经济、生态环境的目标构建指标体系，使得该指标体系符合和谐矿区社会的要求；③指标易于采集和量化计算，从而方便进行综合评价。

表 4-3　　　　适用于矿山企业循环经济评价的指标体系

目标层	准则层	指数层	指标层
矿山循环经济指标体系	社会经济综合发展	经济结构和效益指数	循环经济投入产出比重、环保投资比重、投资回报率、人均 GDP
		技术安全指数	安全预防措施，技术安全投资比重，技术先进水平
	能源消耗	能源消耗指数	万元产值煤耗、万元产值水耗、万元产值电耗
		能源消耗降低指数	吨产值能耗降低率
	资源节约循环利用	资源综合利用指数	矿山工业用水循环利用率 矿山固体废物综合利用率 矿山工业粉尘综合利用率 伴生资源综合利用率
		采选冶指数	采区回采率、矿石贫化率、选矿回收率、冶炼回收率、尾矿回收率
	生态环境质量	废物处理	矿山废水处理率、矿山废气处理率、矿山粉尘处理率、矿山固体废物处理率
		工作区环境状况	矿山绿化率、矿山大气质量优良率、环境噪音达标区覆盖率、矿山土地复垦率、坍陷土地面积

下面是对主要评价指标的计算进行诠释。

（1）经济结构和效益指数。

① 循环经济投入产出比重：项目总投资（万元）/项目产出获益（万元）。

② 环保投资比重：环保方面的投资占固定资产投资的比重。

③ 投资回报率：指达产期正常年度利润或年均利润占投资总额的百分比，计算方法：投资回报率＝年利润或年均利润/投资总额×100%。

④ 人均GDP：指每个人创造的国内生产总值（GDP），表示方式为：万元/人。GDP指标数值越高，所反映的评价区域经济发展状况就越好。

（2）能源消耗。

① 万元产值煤耗：指企业报告期煤能源消耗总量与万元产值之比。计算方法：单位GDP能耗＝煤消耗量/万元产值（万元）。

该指标衡量的是企业的煤能源消耗水平，也能反映企业对煤资源的利用水平。

② 万元产值水耗：指万元产值的耗水数量。这个指标用来反映综合用水效率。计算方法：万元产值水耗＝水消耗量/万元产值。

③ 万元产值电耗：指万元产值的耗电数量，反映企业的综合用电效率。计算方法：万元产值电耗＝电消耗量/万元产值。

④ 吨产值能耗降低率：每生产1吨矿产总能耗的降低值/生产1吨矿产总能耗。

（3）资源节约循环利用指标。

① 工业用水循环利用率：工业生产重复用水数量与工业用水全部数量的占比。公式：工业水循环利用率＝工业循环用水量/工业用水总量。

② 工业固体废弃物综合利用率：工业固体废物综合利用数量与固

体废弃物产生数量的占比。公式：工业固废综合利用率 = 工业固废综合利用量/工业固废产量。

③ 矿山工业粉尘综合利用率：指工业产生粉尘综合利用量占产生粉尘量的比重。

④ 伴生资源综合利用率：指伴生资源综合利用量占产生伴生资源总量的比重。

⑤ 矿产资源开采回采率 = 矿井年开采量/ 矿井年消耗储量 × 100%。

⑥ 矿产资源选矿回收率 = 选矿后精矿中所含被回收有用成分质量/入选矿石中有用成分质量。

⑦ 矿产资源开发利用率 = 年矿产品总产量/年矿产储量总消耗量。

⑧ 采矿贫化率 =（原矿地质品位 – 采出矿石品位）/ 原矿地质品位（%）。

⑨ 选矿回收率：$\varepsilon = r \times B/a \times 100\%$，式中 ε 为产品中某一成分的回收率，a 为原矿中此种成分的品位，B 为精矿中此种成分的品位，r 为精矿产率。

⑩ 精矿产率 = 精矿重量/ 原矿重量 × 100%。

（4）生态环境质量指标。

对矿业生态环境质量的评价，主要是对矿产资源开发过程造成的环境污染和破坏及其治理工作的评价。矿产开发造成的环境污染和破坏以矿山的"三废"（废气、废水、废物）污染问题最为突出。其主要指标的计算公式如下：

① 矿山废水处理率 = 符合国家排放标准的已处理废水/应处理废水的总量 × 100%。

② 矿山废气处理率 = 符合国家排放标准的已处理废气/应处理废气的总量 × 100%。

③ 矿山废物处理率 = （经加工重复利用废弃物量 + 经无害化处理废弃物）/应处理废弃物总量 × 100%

④ 矿山生态环境修复率 = 采用生物、物理、化学工程修复的面积/被破坏的生态环境面积 × 100%。

⑤ 绿化覆盖率 = 城市绿化面积 ÷ 土地面积 × 100%。

以上指标为正向指标，数值越大说明矿山生态环境保护工作的成绩就越好。

综合上述分析可得，本研究建立的矿山企业循环经济评价指标体系，对循环经济模式起支撑能力的评价指标有上述 4 类指标，这些指标都从不同方面反映了循环经济的发展要求，与当前循环经济模式的总体要求相吻合，充分展现循环经济发展的开发、节约与提效相统一的原则。

4.4 基于核主成分分析的循环经济评价方法研究

通常，在实证问题研究中，为了全面、系统地分析问题，我们必须考虑众多影响因素。这些涉及的因素一般称为指标，在多元统计分析中也称为变量。由于事先对评价目标缺乏足够多的先验知识，往往提出很多与此有关的变量，而其中每个变量都在不同程度上反映了所研究问题的某些信息，并且指标之间往往存在一定的相关性，所以所得的统计数据反映的信息在一定程度上有重叠（即信息冗余）。如果直接根据这些对矿山企业循环经济进行综合评价，不但会造成很大的计算量，更为严重的是容易引入干扰，导致最终的综合评价结果失真。在循环经济综合评价指标体系中，指标权重的确定是循环经济综合评价的重要内容。尽管层次与层次之间有着密切的、互相联系和互相影响的关系，然而，它们对评价总目标有不同的作用，即每个指标或称层次的重要程度或称权重不同，因此，评价结果是否科学准确，直接受指标权重的合理与否的影响[101,105]。

目前常用的权值确定方法可分为主观赋权法和客观赋权法两类。主观赋权法主要是由专家根据经验主观判断而获得，如古林法、Delphi 法、层次分析法等[106-110]。这些方法较为成熟，但客观性较差。客观赋权法是根据原始数据运用统计方法计算获得，不依赖于人的主观判断，其客观性较强，如离差法、均方差法、基于熵的方法、主成分分析法（PCA）等[111-119]。PCA 是一种传统的利用指标体系进行循环经济评价的方法，该方法可以用较少的主成分去代替原来较多的信息变量，而且彼此之间相互独立，目前国内许多研究采用 PCA 进行指标分析和经济评价，但是该方法对非线性指标无法达到好的分析效果。本书对其进行改进，提出了基于核主成分分析（KPCA）的循环经济综合评价方法。该方法可以同时对线性、非线性指标进行分析，极大地拓展了综合评价的范围，为循环经济的综合评价提供了较好的客观定量分析方法。

4.4.1　PCA 评价方法的原理

PCA 是一种常用的指标分析和评价方法。如图 4-1 为一个测量弹簧形变的例子，由于事先没有先验信息，所以观测者从三个角度（A、B、C）对弹簧进行测量，因此测量变量包括 $\{X_A, Y_A; X_B, Y_B; X_C, Y_C\}$。而实际中，只有 A 角度的测量量与真实值最接近，而 B 和 C 视角的测得的信息存在较大的冗余。该例子说明，并不是指标越多越好，直接采用统计关联的评价指标容易导致最终的综合评价结果失真。所以，在实际应用中，人们在进行定量分析的过程中，总是希望涉及的变量较少，而得到的信息量较多。PCA 分析正是适应这一要求产生的，PCA 方法是由皮尔逊在 1901 年首先提出的，它是一个线性变换，采用线性代数的有关理论，将原来众多的具有一定相关性的指标，转化成少数几个相互独立综合指标以代替原来的指标（从这点上 PCA 方法具有降维的思想）[121]。PCA 的突出优点在于它确定的权数是基于数据分析而得到的指标之间的内在结构关系，不带有人的主观意识，而且得到的综合指标（主成分）之间彼此独立，减少信息的交叉，从而使分析评价结果具有客观性和准确性[119,120]。

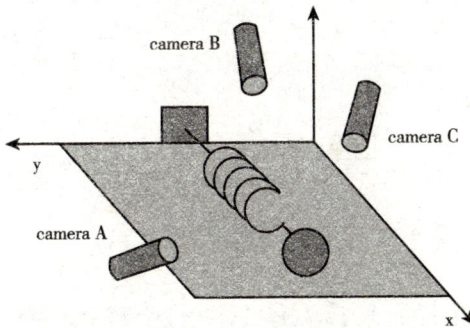

图 4 - 1　一个弹簧测量示例

设原始数据集 X 是均值为零的 m × n 维矩阵，其中 m 为指标个数，n 为统计样本个数。即 X 的每一行代表某指标的测得量，而每一列代表每次测试的结果。定义 X 的协方差矩阵为：

$$C_X = \frac{1}{n-1} X \cdot X^T \qquad (4-1)$$

C_X 为一实对称方阵，其中的每个元素 c_{ij} 为：

$$c_{ij} = \frac{1}{n-1} \cdot x_i x_j^T = \sigma_{ij}^2 \qquad (4-2)$$

C_X 对角线的元素 c_{ii} 为自相关系数，而对角线之外的元素 c_{ij}（i ≠ j）为互相关系数，反映指标 x_i 与 x_j 之间的相关性。

实际中，x_i 与 x_j 之间往往具有一定的相关性。仍然以弹簧形变为例，图4-2为视角 A 所测量的变量 x_A，y_A 的测量结果仿真数据，该图中表示，无论样本数据朝 x_A 轴还是 y_A 轴投影，投影值之间的重叠都比较多（即离散性差），而坐标轴经过45°变换后，数据在投影轴 x'_A 的投影数据的离散性较好（相当于互相关系数减少）。

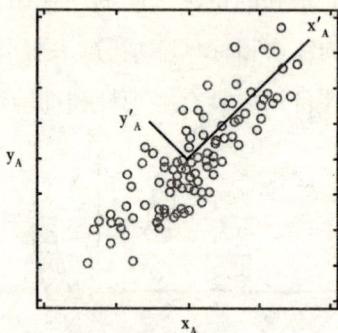

图4-2　照相机 A 数据（x_A，y_A）分布

所以，PCA 的目的在于寻找一个线性变换 P，使得 Y = PX，C_Y 为对角矩阵（意味着要求经过 PCA 变换后数据互相关系数为0）。即：

$$C_Y = \frac{1}{n-1} Y \cdot Y^T$$
$$= \frac{1}{n-1}(PX) \cdot (PX)^T$$
$$= \frac{1}{n-1}PXX^TP^T \qquad (4-3)$$
$$= \frac{1}{n-1}PAP^T$$

其中 $A = X \cdot X^T$ 由于 A 为实对称矩阵，按照线性代数理论，A 可以被它的正交特征向量对角化，即存在如下变化关系：

$$A = E\Lambda E^{-1} \qquad (4-4)$$

其中 Λ 为对角方阵，对角元素为 A 的特征值 $\lambda_i = \sigma_{ii}$（$i = 1, \cdots,$ m），E 的行向量为 A 的特征值 λ_i 所对应的特征向量。如果选择 $P = E^T$，同时将式（4-4）带入式（4-3），有：

$$C_Y = \frac{1}{n-1} PAP^T$$

$$= \frac{1}{n-1} P(P^T \Lambda P) P^T$$

$$= \frac{1}{n-1} (PP^T) \Lambda (PP^T)$$

$$= \frac{1}{n-1} (PP^{-1}) \Lambda (PP^{-1})$$

（注：实对称矩阵的特征向量为正交矩阵，即 $P^T = P^{-1}$）

$$= \frac{1}{n-1} \Lambda$$

$$(4-5)$$

式（4-5）表明，当线性变化关系 P 的行向量为矩阵 $A = X \cdot X^T$ 的特征向量时，输出 Y 的协方差矩阵为对角阵。所以 PCA 求投影变化 P 的过程可以归结为求 $X \cdot X^T$ 的协方差矩阵的特征向量的过程，即寻找一组正交基，原始数据在该基坐标下的投影变换相关性最小。如果将 A 的特征值按照大小由高到低排序 $\lambda_1, \lambda_2, \cdots, \lambda_m$，则 λ_1 对应的特征向量为第一主分量，λ_2 对应的特征向量为第二主分量，以此类推[91]。PCA 的目标是寻找 r（r < m）个新变量，使它们反映事物的主要特征，压缩原有数据矩阵的规模。每个新变量是原有变量的线性组合，体现原有变量的综合效果，具有一定的实际含义。这 r 个新变量称为"主成分"，它们可以在很大程度上反映原来 n 个变量的影响，并且这些新变量是互不相关的，也是正交的。通过主成分分析，压缩数据空间，将多元数据的特征在低维空间里直观地表示出来。

4.4.2　基于 PCA 的循环经济指标体系评价方法

利用 PCA 进行循环经济指标分析和经济评价的过程如图 4 – 3 所示。该过程主要包括下面步骤：首先收集数据资料，对定性和定量指标进行量化，建立原始数据矩阵；由于各个指标量纲不一样，需要对原始数据进行标准化的处理；对经过标准化处理后的指标进行主成分分析，根据确定的主成分；通过投影变换计算指标权重；根据指标权重进行综合评价[120]。

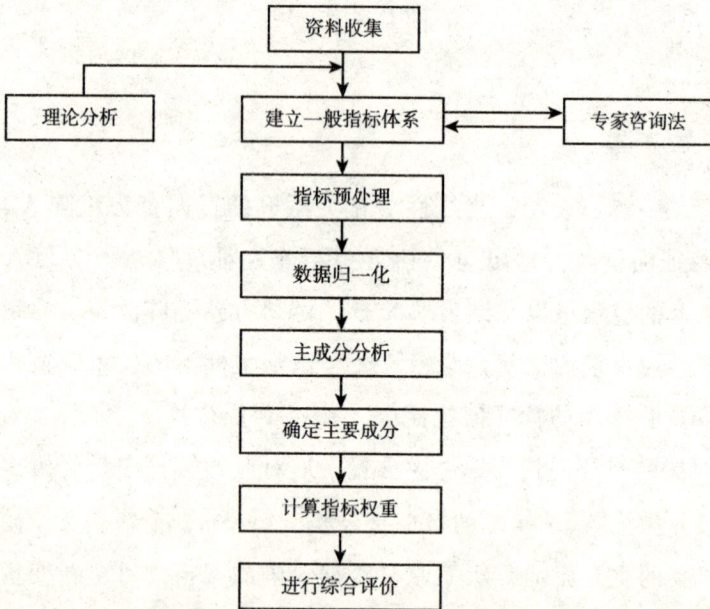

图 4 – 3　基于 PCA 的矿山循环经济指标体系综合评价过程

1. 资料分析及数据归一化

根据评价指标的性质，评价指标一般分为定性指标和定量指标。

定量指标一般可由统计数据或计算获得，定性指标很难量化，它也是综合评价中受主观因素影响很大的问题之一。为实现定性指标的定量化，通常的做法是：首先给定性指标一个明确的定义，再根据该定义和具体的实际情况给该指标打分。例如：大气污染程度，可以用单位体积大气中悬浮物的数量来划分等级，如分为四级 |清洁、良好、污染、重污染|，然后对不同的等级规定评分，清洁（0~0.25）、良好（0.25~0.5）、污染（0.5~0.75）、重污染（0.75~1）。具体的计算方法可以考虑采用本书第 3 章提出的基于支撑向量机（SVM）的环境质量评价方法或其他方法。

矿山循环经济系统评价指标有些为负向指标，其指标越小越好，有些为正向指标，其指标值越大越好；另外有些指标具有量纲。因此，在综合评价时，必须对负向指标和有量纲指标进行技术处理。通过技术处理，消除指标间数量级差异过大和具有量纲的指标，使各指标在同一层次中具有可比性。可以通过指标转置的方法，使所有指标转化为同一方向。

由于指标的含义不同，指标值的计算方法也不同，造成各个指标的量纲差异，不同量纲的指标范围不一致。因此，即使各个指标都定量化了，也不能够直接进行计算，必须对指标进行标准化处理，以消除原始数据量纲不同所造成的差异。可以采用以下的归一化公式进行数据归一化，把指标投影到同一个范围：

$$Y = Y_{lower} + (Y_{upper} - Y_{lower})\frac{X - X_{min}}{X_{max} - X_{min}} \qquad (4-6)$$

其中 Y_{lower} 和 Y_{upper} 为投影指标的取值范围，Y_{max} 和 X_{min} 为原始指标的表示范围。

在假定 Y 的取值范围为 [0，1] 的情况下，即 $Y_{lower} = 0$，$Y_{upper} = 1$ 时，上式可写为：

$$Y = \frac{X - X_{min}}{X_{max} - X_{min}} \qquad (4-7)$$

经过数据归一化使得各个指标成为量化的、单位统一的变量，从而可以对指标进一步进行综合评价。

2. 利用主成分分析进行综合评价

采用 PCA 分析法建立综合评价函数，可以用较少的主成分去代替原来较多的信息变量，而且彼此之间相互独立，可以较好地反映循环经济的发展状况。主成分分析法的步骤如下：

Step1：对选取指标的原始数据做标准化处理，以消除量纲的影响；

Step2：计算各指标之间的协方差矩阵 C′和 C 的特征根；

Step2：确定因子贡献率和累积贡献率，一般取累积贡献率达85%～95%的特征值所对应的主成分；

Step3：根据所选出的主成分及相应的方差贡献率计算出综合评价值，通过总得分的大小就可以对循环经济发展水平进行评价。

循环经济发展水平的综合评价函数 S 可以用以下公式计算

$$S = \sum_{i=1}^{k} w_i F_i \qquad (4-8)$$

式中：S—综合评价得分；k—主成分个数；$w_B i$—第 i 个主成分的贡献率；F_i—第 i 个主成分上的得分。

4.4.3 基于 KPCA 的循环经济指标体系评价方法

主成分分析（PCA）是一种常用的简化数据结构的多元统计分析方法。通过将原来较多的变量转化为互不相关的少数几个综合变量，以这几个综合变量反映原变量所反映的大部分信息。主成分分析只有当变量的相关关系密切时才有较高的使用价值，但现实指标变量间的关系往往是非线性的，故在应用 PCA 方法时可能出现各指标的贡献率过于分散的情况，找不到具有全面综合能力的指标。另外，PCA 要求原始变量为二阶矩统计量，变量符合指数分布或高斯分布，这样用 PCA 才能收到较好效果，而实际中指标变量不一定满足此条件。核主成分分析（KPCA）可避免上述问题。KPCA 是一种成功的非线性主分量分析方法[122-123]，它旨在将输入空间通过非线性函数映射到更高维特征空间，并在高维特征空间中应用 PCA 方法。由于在输入空间中数据分量间存在复杂关系的情况下，在输入空间中应用 PCA 这一线性方法不能捕获对样本数据描述能力强的特征；此时，KPCA 方法的意义得以彰显：KPCA 在由非线性映射而得的高维空间中应用 PCA 的手段，因此，它仍能捕获对特征空间中样本数据描述能力强的特征。如今，KPCA 方法广泛地应用于模式识别、特征抽取等研究领域。

设变换 Φ 实现了输入空间 R^N 到特征空间 F 的映射，即输入空间的样本点 x_1，x_2，$\cdots$，x_M 变换为特征空间的样本点 $\Phi(x_1)$，$\Phi(x_2)$，$\cdots$，$\Phi(x_M)$，在该特征空间中数据具有较好的线性可分性，KPCA 研究的实际上是对 $\Phi(x_1)$，$\Phi(x_2)$，$\cdots$，$\Phi(x_M)$ 进行主成分分析。图 4-4 是 PCA 与 KPCA 的比较，明显 KPCA 的散度大于 PCA 的散度，因此能提供更多的信息。

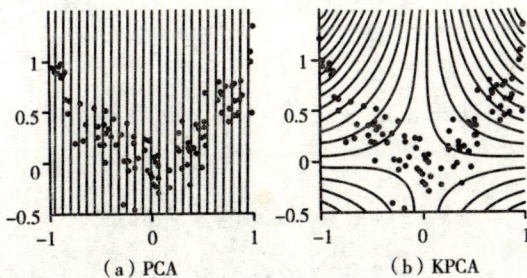

图 4-4　PCA 与 KPCA 在特征提取中的比较

假设特征空间的样本满足：

$$E[\Phi(x)] = \frac{1}{N}\sum_{i=0}^{N}\Phi(x_i) = 0 \qquad (4-9)$$

则特征空间的样本集的协方差矩阵为：

$$C = \frac{1}{N}\sum_{i=0}^{N}\Phi(x_i)\Phi(x_i)^T \qquad (4-10)$$

根据 PCA 理论，在高维特征空间 F 中对 C 进行特征分解，设 λ 和 v 为 C 的特征值和与之对应的特征向量，则有

$$\lambda v = Cv \qquad (4-11)$$

显然，C 为半正定矩阵，它的特征值均为非负。由于 Φ(·) 只是一个表达形式，没有具体的解析式表示，所以高维特征空间 F 中的矩阵 C 无法显示表达，因此不能直接对式（4-2）特征分解。为了解决这个问题，这里使用一个技巧来线性表示 v，根据再生核理论，特征空间中的向量可以用特征空间中的基函数涨成。假定 {Φ(x₁)，Φ(x₂)，…，Φ(x_N)} 为 F 空间中一组线性无关的基函数，则有：

$$v = \sum_{j=1}^{N}\alpha_j\Phi(x_j) \qquad (4-12)$$

将式（4-10）和式（4-12）代入式（4-11），可得：

$$\lambda\left(\sum_{j=1}^{N}\alpha_j\Phi(x_j)\right) = \left(\frac{1}{N}\sum_{i=0}^{N}\Phi(x_i)\Phi(x_i)^T\right)\sum_{j=1}^{N}\alpha_j\Phi(x_j)$$

$$(4-13)$$

根据 Mercer 理论，定义一个 N × N 的核矩阵 K_t，K_t 的每个元素为：

$$k_{ij} = k(x_i, x_j) = \Phi(x_i) \cdot \Phi(x_j)$$

式中 $k(x_i, x_j)$ 为事先定义的核函数，它表示为 $\Phi(x_i)$ 和 $\Phi(x_j)$ 在特征空间的内积，此时式（4-13）可简化为：

$$N\lambda\alpha = K_t\alpha \qquad (4-14)$$

通过事先确定的核函数，K_t 可以计算得到，且它是一个半正定对称阵。对于主成分的抽取，只需计算一个测试点 Φ(x) 向 C 的特征

向量 v 方向上的投影：

$$y_i = v_i \cdot \Phi(x) = \sum_{j=1}^{N} \alpha_j^i \Phi(x_j) \cdot \Phi(x) = \sum_{j=1}^{N} \alpha_j^i k(x, x_i)$$

$$(4-15)$$

式中 v_i 为 C 的第 i 个特征向量，α_j^i 表示 K_t 的第 i 个特征向量的第 j 个元素。

由此可知，KPCA 准则实质上是通过一个非线性映射将输入样本映射到高维特征空间，再根据 PCA 准则提取样本的非线性特征，并利用核函数把特征降到低维空间的算法，它充分体现了核理论的思想。KPCA 常用的核函数包括以下几种：

（1）线性核函数：

$$k(x_i, x_j) = x_i^T x_j \qquad (4-16)$$

（2）多项式核函数：

$$k(x_i, x_j) = (s x_i^T x_j + r)^d \qquad (4-17)$$

（3）径向基核函数：

$$k(x_i, x_j) = \exp(-\gamma \| x_i - x_j \|^2), \gamma > 0 \qquad (4-18)$$

（4）双曲正切 S 核函数：

$$k(x_i, x_j) = \tanh(\gamma(x_i^T, x_j) + \theta) \qquad (4-19)$$

因此，利用 KPCA 分析法进行综合评价的步骤如下：

Step1：对选取指标的原始数据做标准化处理，以消除量纲的影响；

Step2：选取适当的核函数，求出核矩阵 K_t；

Step3：计算矩阵 $K_t/6$ 的特征值和特征向量；

Step4：提取主成分，计算主成分取值；

Step5：确定评价函数，求出评价系数，按照（4-8）式对循环经济发展水平进行综合评价。

4.5　利用 KPCA 进行循环经济综合评价

根据本书构建的指标体系和采用的评价方法,对河北省丰宁招兵沟选矿厂 2005 ~ 2008 年 4 年的循环经济发展水平采用 KPCA 分析法进行评价。我们首先对不同的指标进行归一化,然后采用分层的方法来计算 KPCA,即从底层开始,先计算该层的主分量,按照主成分的贡献率排序,每层取三个主成分,再利用 (4 - 8) 式的评价函数进行综合,获取该层的综合得分。然后以该层的 KPCA 得分作为变量,在更高的层次上继续用 KPCA 进行核主成分分析,以此类推,最终求出该企业的循环经济发展评价总体得分。为了方便比较起见,本书在KPCA 分析的时候统一采用径向基核函数 (见式 4 - 18)。表 4 - 4 给出了招兵沟选矿厂循环经济经 KPCA 分析的前三个主成分的贡献率和累计贡献率,从中可以看出前三个主成分能代表大部分信息,从这点讲,KPCA 具有较好的降维效果,经 KPCA 分析后能够用较少的综合指标代替原来的复杂指标。表 4 - 4 给出了招兵沟选矿厂 2005 ~ 2008 年循环经济评价排序结果。该结果表明,2005 ~ 2008 年该企业循环经济发展水平逐年提高,这说明招兵沟选矿厂 4 年来大力发展循环经济的措施起到了实际效果。近年来,该矿山企业以循环经济思想为指导,注重充分发挥技术优势,延伸产业链条,生产工艺和污染物综合处理水平有了很大的提高,实现了绿色开采,生态矿区建设取得显著效果。在 2007 年,经过对原有工艺技术进行改进,原项目中将浮选后的尾矿浆作为选钛的生产原料加以利用,使得伴生资源得到有效利用,使得该选矿厂的循环经济取得了实质性的进展,循环经济发展水平得到了有效提高。从 2007 年的 KPCA 评价得分可以看出，S 分值相对于 2006 年有着显著提高，从而反映出本书提出的 KPCA 评价方法的有效性（见表 4-5）。

表 4-4 **招兵沟选矿厂循环经济评价中前三个核主成分的贡献率和累计贡献率** 单位:%

分类	F1（贡献率）	F2（贡献率）	F3（贡献率）	三项累计贡献率
社会经济综合发展	46.12	17.12	15.15	78.39
能源消耗	54.25	21.35	12.74	88.34
资源节约循环利用	41.14	26.12	9.54	76.80
生态环境质量	49.80	20.16	7.93	77.89

表 4-5 **招兵沟选矿厂年度循环经济评价结果**

年份	2005	2006	2007	2008
综合评价得分 S	0.2004	0.2086	0.2518	0.2587
排名	4	3	2	1

4.6 本章小结

本章在分析循环经济特点的基础上建立了适合于矿山企业的循环经济综合评价指标体系，并详细地解释了各项指标的含义和用途。PCA 是一种传统的利用指标体系进行循环经济评价的方法，但是该方法对非线性指标无法达到好的分析效果。本书对其进行改进，提出了基于核主成分分析（KPCA）的循环经济综合评价方法。该方法可以同时对线性、非线性指标进行分析，极大地拓展了综合评价的范围，为循环经济的综合评价提供了较好的客观定量分析方法。但在 KPCA 的求解过程中，需要求解一个 M×M 的核矩阵（M 表示训练样本数），其计算复杂度非常高（M 的三次方），因此当指标非常多时，KPCA 面临计算代价大、特征提取效率低的问题。下一步将研究如何提高 KPCA 的计算效率，以适应多规模指标体系、多样本的场合。

第5章 矿山循环经济发展的物质流分析

物质流分析（Materials Flow Analysis，MFA）是目前分析循环经济的一个常用手段，循环经济的物质流分析一般是指利用物理单位对物质从采掘、生产、转换、消费、循环使用直到最终处理进行计算。其分析的物质可以包括元素、原材料、基本材料、产品、制成品、废弃物以及向空气、水中的排放物，其任务是作为工业代谢研究的有效手段，探索某些特定物质如铝、铜等在工业代谢过程中相关变化的状况及各股物质流变化之间的相互关系。它的目的是从中找到节省天然资源、改善环境的途径，以推动工业系统向可持续方向转化。然而传统物质流无法分析投入到经济运行系统的生产过程中生产力要素等一些非物质输入，诸如消耗的能源、占用的土地、需要的劳动力、必需的基本建设、不断更新的生产技术、企业管理水平等，这都属于非物质输入。所以仅用物质流分析并不全面。本章提出了融合物质流和价值流的系统框架，将这二者用一个模型统一来用资源—价值流的形式进行分析，而物质流相当于资源—价值流的一个特例，在此基础上建立了矿山企业的资源—价值流分析模型，并给出了该模型相应分析指标的输入输出数学表达形式。

5.1 物质流分析的一些概念及发展概况

循环经济寻求以最低的环境资源成本获得最大的社会经济效益，强调从源头上减少自然资源的消耗与浪费，最大限度地降低污染物排放，有效地配置和利用自然资源，并有效地缓解长期以来人类社会经济发展与环保之间的矛盾。物质流核算与循环经济从科学系统来讲，共同属于一个科学范式[149]。二者都是基于可持续发展的思路研究形成的科学成果，在理论基础、科学观念、价值取向、逻辑模式和科学技术层面均已经形成共同的观点。物质流核算的形成和发展受到循环经济理论发展的深刻影响，而物质流核算反过来也为循环经济提供了众多的信息支持手段，极大地促进了循环经济的发展[124]。

物质流分析可以对社会经济活动中的物质流动进行科学地定量分析，对整个社会经济体系中物质的流量、流向进行了解和掌握，并在此前提下调控物质流动的流量和流向，从而达到资源利用效率大幅度提高的目标。物质流分析与循环经济的宗旨是一致的。物质流分析原则遵循的是物理学上的质量守恒定律，其分析内容主要是量化经济活动过程中物质的投入和产出，建立二者之间的数量关系[126]。根据质量守恒定律，物质流分析的结果总是能通过其所有的输入、贮存及输出过程来达到最终的物质平衡，即：

物质的流入量 = 物质的流出量 + 物质的存量

观察一个现代企业，物质的流入主要包括能源和原材料等；物质的流出分别包括产成品、副产品和污染物以及废弃物，其中的半成品和生产过程的物料以及加工物料是物质的主要存量。需要注意一点，要将循环部分的物资当作物质的存量来核算，循环的量越大，物质的存量就越增加，而流出的废弃物和污染物的数量就相应地降低，如此一来，流出的产品就增加了。促进企业发展循环经济的目的就在于此[127]。

物质流分析为资源、废弃物和环境的管理提供了量化分析依据，是分析资源、能源消耗和投入产出的主要工具之一。由于物质流分析方法过程清晰、简单易懂，所以该方法是目前研究循环经济、实现可持续发展的重要分析方法，被许多经济管理研究人员广泛采用[124-154]。

5.2　物质流分析的国内外应用发展情况

1969 年美国人艾尔斯和尼斯（Ayres and Kneese）首次提出了物质流分析方法。他们在文章中从经济学的观点出发，根据美国的人口和 GDP 增长特点，提出了利用"物质平衡原理"来考察其国民经济的物质流动状况，这是一种国家层面物质流分析的尝试。20 世纪 80 年代后，人们认识到经济活动特别是工业生产活动中的物质流动，不仅对经济有较大的影响，而且与自然环境也存在复杂的相互作用。随着可持续发展研究的不断深入，在经济系统特别是工业系统与自然环境相互作用的研究中，逐步形成了物质流分析这一研究方向[126]。

2001 年欧盟统计局公布了 MFA 指标的指导性原则文件，该手册规范了经济系统的物质流核算与分析方法，这标志着关于物质流分析的标准化问题有了第一个国际性的官方指导文件。20 世纪 90 年代初，世界各国所倡导的工业生态观念推动了物质流分析的研究，德国、日本和奥地利率先用物质流分析的方法分析了各自国家经济系统的自然资源和物质的流动状况[134,135]。从此，经济系统物质流分析在世界范围被广泛应用。1997 年，世界资源研究所（World Resource Institute）开始了全面分析美国、日本、奥地利、德国和荷兰的经济系统物质流动状况的工作。随着经济发展导致环境进一步恶化，运用物质流分析法分析国家经济系统的国家和地区正在不断增加。

随着循环经济和可持续发展在我国的研究升温，物质流分析逐渐成为一个热门研究领域。2003 年，我国学者陈效述等运用物质流分析方法，研究了中国 1989 ~ 1996 年经济系统的物质输入与输出状况，结果得出结论：物质输入与输出总量呈现出类似的增长趋势，与同期人口的年增长率相比，人均物质输入与输出量的年增长率要明显偏高。创造单位 GDP 的物质输入量和输出量均呈下降的趋势，也反映出我国已经明显提高了经济系统的资源利用效率[136]。王奇等根据质量守恒定律，在研究了人与环境系统的物质流模型的基础上，构建了一个封闭系统的物质流总量模型，系统地解剖分析了经济系统中的每个基本物质量对资源索取量与废物排放量的影响原理，提出了实现人类经济社会可持续发展的基本途径[93]。

同样，南京财经大学李刚运用物质流分析方法，研究了中国 1995 ~ 2002 年经济系统的物质输入和输出等相关的一些指标，发现我国经济系统的物质需求和输出总量巨大，而人均物质需求量却不高，环境库兹涅茨曲线呈现出明显的倒"U"形，导致生态贸易赤字的主要原因是出口能源中的煤炭存在巨大隐藏流[40]。2005 年清华大学的徐明和张天柱结合结构分析方法，采用物质流分析方法分析计算了 1990 ~ 2002 年中国的自然物质投入状况。结果表明，为了达到去物质化的经济发展目标，必须大力提高技术水平的同时保持较低人口增长速率，提高整个社会与国民经济系统的资源生产效率[129]。学者刘滨等对当前世界上用来分析资源问题的物质流分析方法进行了研究，阐述了日本的物质流分析法模型，这个反映了日本的国家资源投入、废弃物生产和废弃物再生利用的状况。在此基础上提出：我国应该结合国情，循环经济指标体系应含有包括资源投入、废弃物产生在内等主要指标。这些指标已经成为中国制定循环经济发展规划，进行国际比较，寻找差距，调整国家发展战略的重要依据[130]。

　　清华大学徐一剑等在区域层面的研究上，以物质流分析方法作为工具，对贵阳市 1978～2002 年全部的资源投入以及 2000 年物质流的全景、1996～2002 年排放污染总的数量、成分构成和排放强度以及人均规模的变化进行了全面的考察。结果显示，贵阳市经济发展模式表现出明显的"高资源投入，高污染排放"特征，粗放的、规模扩张型经济发展趋势依然十分强烈。贵阳市实现可持续发展的根本途径就是要彻底改变传统增长方式，下大力量推动循环经济的发展[131]。李健等利用 MFA 第一次对生态工业园区的物质流进行了系统的剖析，提出了园区产业链优化的建议[37]。黄和平以江苏省常州市的武进区为例，采用层次分析法和巢式等级理论，在阐述 MFA 方法及其指标的基础上，建立了适用于研究区的区域循环经济评价指标和权重体系，确立了评价指标分级标准，这种标准适用于区域循环经济，模拟构建了区域循环经济的评判模型，分析和评价了循环经济发展状况[124]。黄晓芬等利用物质流的理论和分析方法，依据欧盟指导原则，分析了 1990～2003 年上海市经济—环境系统的物质总需求和资源生产率等主要指标，提出在 2020 年以前上海市发展循环经济要注重于输入端的物质减量化，加强循环经济的技术支撑研究与开发以及制度能力建设[132]。李丁等对国内 19 个主要城市的物质流进行核算的基础上选取相关数据，并综合一些经济统计数据做了 DEA 分析，对于这些城市的物质流基本状况进行了评价，我国物质流输入量所带来的经济效益较欧美发达国家明显偏低，我们的先进城市大约相当于欧美发达国家 20 世纪 90 年代中期平均利用率的 1/4 ，日本的 1/9。这说明我国的经济增长方式目前主要还是粗放式为主[138]。

在微观层面上，清华大学刘毅以磷元素为例，采用 MFA 方法构建了 2000 年全国水平上的静态磷物质流分析模型，并系统识别了中国磷循环系统的结构特征和物质利用效率特征。分析结果显示，整体上呈较为典型的单向、开放式物质流结构是我国磷循环系统的特征[133]。周兴龙提出了选矿厂物质流实物核算和价值流分析的二元微观物质流分析方法，将选矿常用的金属平衡法引入到选矿厂物质流分析实践中，建立了选矿厂实物流核算和价值流分析的方法和模型[13]。王晓燕运用物质流分析方法，对北京市地表饮用水主要水源地——密云水库流域进行了磷循环特征的研究，分析了研究该区域内种植业、畜牧业、人口和简单子系统内部及子系统间的磷输入输出状况，以及系统整体的代谢效率特征[137]。

5.3　物质流分析的步骤

建立物质流分析模型，首先要根据研究物质对象中的经济和环境属性以及研究目的，将物质代谢系统边界与结构框架概化或进行定义。这其中主要包括确定物质生产部门和消费部门、产品贸易和原材料、物质积累与贮存、废物再生利用与处理处置、物质流向与交换关联等关键环节的输入输出关系[138]。

物质流的分析方法常常借鉴流体流动的研究。欧拉法和拉格朗日法分别用来研究流体流动。前者就是当流体持续流动时，选定其中的一个空间观察点，再对各瞬间通过该空间关键观察点的流体的物理量进行观察，以此来获得随着时间的变化量该点的相关数值。后者就是拉格朗日方法，把观察对象设定为选定的不断流动的流体中的一个质点，跟踪观察对象在流动过程中每种物理数量的变化情况，用来获取有关的各项数据[139]。

与研究流体流动的方法相对应，研究社会产品流动的方法也有两种[140]。一是被称为物流定点观察的方法：首先选定物流中的一个环节，对该环节中物流的变化进行观察，然后核算该环节生命周期各阶段流入和流出的有关物质量，最后依据观察时获取的数据资料构建出相应的定点模型。二是跟踪物流观察方法：与前面一样，把观察对象设定为事先选定的确定数量的一个产品，再观察这些产品寿命的周期轨迹，为的是核算这些产品生命周期中有关物质在每个阶段流入和流出的数量，最后再依据已经获得的数据和资料建立相关的跟踪数学模型。在上面跟踪的轨迹上，途中经过的产品阶段大致包括生产制造、储存和使用以及报废后的回收。跟踪行程要从某一产品的生命周期起点开始，一直到它的终点结束。

物质流分析的过程一般可分为以下四步骤：

第一步，对需要分析的范围和对象进行界定。首先要对分析的对象进行确定，有可能的影响因素要依据研究目的来确定，对能够对研究对象构成呈严重影响的因素进行初步的选定。其次根据选定的因素，确定下面分析过程中要涉及到的物质流的种类、时间和空间范围。这个空间范围也许是国家或地区，也许是行业或者企业。物质流分析所关心的问题焦点是人类社会经济系统在自然环境系统中的物质代谢规律。有鉴于此，我们在进行物质流分析研究时，不必考虑经济系统内部的物质流，只需要考虑通过系统边界输入待研究的经济系统或者输出待研究的经济系统的物质流。在这一原则的基础上，不统计均被视为经济系统内部的物质流的加工物料和机器设备等因素。

第二步，对各个环节进行分析。以已经选定对象的性质和特点为根据，对相应的环节进行逐个划分，并分别定性地阐述说明其各个环节的投入、产出和过程。

输入经济系统的物质流，一是可能会变成这个系统内的物质存储形式，例如基础设施、耐用品等，二是经过单位统计时段（通常以年为单位）的消费，成为废弃物和排放物，这些废弃物和排放物会通过系统边界返回到自然环境中；输出自然环境系统的废弃物，其中有一部分叫做消耗流，就是在使用产品时必须要产生的废弃物，如化肥、农药等这些产品在农业生产使用过程中的消耗，都不可避免地产生废弃物。

隐藏流的另外一个叫法是生态包袱，就是那些人类社会为获得对自己有用的物质和没有直接进入交易和生产过程的但为了生产产品而必须动用的物质量。这部分物质量虽然没有进入工业代谢过程，但却是生产过程中不可避免的"投入"。例如投入铁矿石是为了钢铁生产的直接需要，而开挖许多巷道及剥离大量岩石则是为了开采铁矿石所必需的。前者就是生态包袱，因为它们并未成为产品本身或者直接进入产品的生产过程，所以被称为隐藏流。每件产品的物质投入总重量与产出产品自身重量之差就是其生态包袱，物质投入的总重量与其自身重量的比值则被称为生态包袱系数[152]。

第三步，物质流的核算与平衡。首先通过前面划分的环节和对象以及范围的界定，分析每个环节的投入数据和产出数据，然后进行核算，最后得到每个环节的物资流动方向与流动数量。

第四步，评价结果和分析模型。通过定性分析和定量核算得到的结果，可以直接应用于各项预先设定的研究目的。例如可以用于区域或者企业效率目标的确定、循环经济的循环指数的评价和资源利用效率变化的分析等。

5.4 物质流分析框架

近年来，国内外学者依据物质流分析的特点，根据应用场合建立了相应的物质流分析模型。李丁以国内 19 个大城市为基础建立了物质流分析框架[138]，如图 5 - 1 所示，该框架也可适用于国家或者地区等宏观层面的物质流分析。其中在输入城市社会系统的物质中，包括生化物质、矿石燃料和生物等三部分原料。另外，从其他国家或地区进口的成品、半成品和原料，以及与生产这些物质有关的间接流，也都包括在输入社会系统的物质流中。输入社会系统的物质流，一方面会变成这个系统内部物质的净存储，例如一些基础设施、耐用产品等；另一方面则是通过统计时段（以年为单位）的消费过程，变成通过系统边界重新回到自然环境中的废弃物和排放物，此外还有一部分

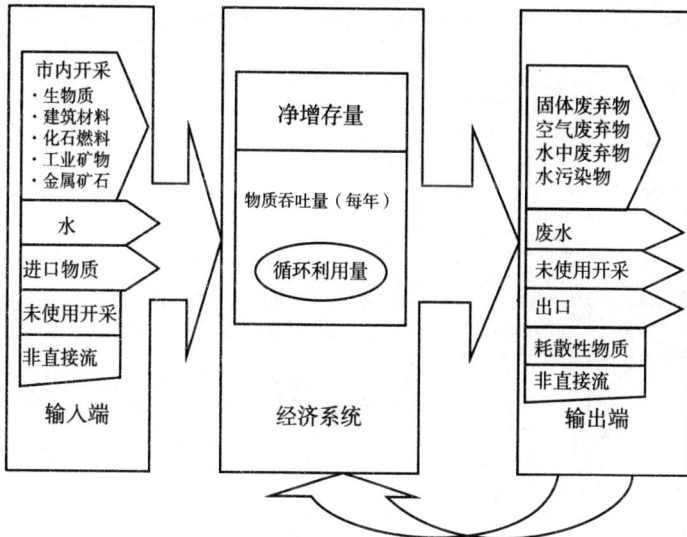

图 5 – 1 城市 MFA 基本框架

剩余物质，经过系统边界输出到了外国。

经济系统的物质流分析框架如图 5 - 2 所示[144]，物质流分析对区域经济系统的框架是纷繁复杂的。在物质输入端，包括直接物质输入和隐藏流两个部分，是进入经济系统的自然物质。直接物质输入就是指包括生物物质、固体非生物物质（化石燃料、工业矿物、建筑材料等）、水、空气四大类物质在内的自然物质，这些物质直接进入经济系统。也称生态包袱的隐藏流，就是人类为了满足自身需求获取直接物质的输入而必须动用的大量的物质，主要有以下几个方面：一是水土移动和流失数量，发生在开采化石能源、工业原材料时；二是木材砍伐和农业收割等损失额，多在生物收获时产生的非使用部分；三是基本建设环节的遗弃土方与河流疏浚费；四是水土的自然环境流失量。在物质输出端，物质输出总量由区域内物质输出、区域内隐藏流、出口物质三部分组成。其中，区域内物质输出由经济系统排出的固体废弃物、废水、废气三部分组成。

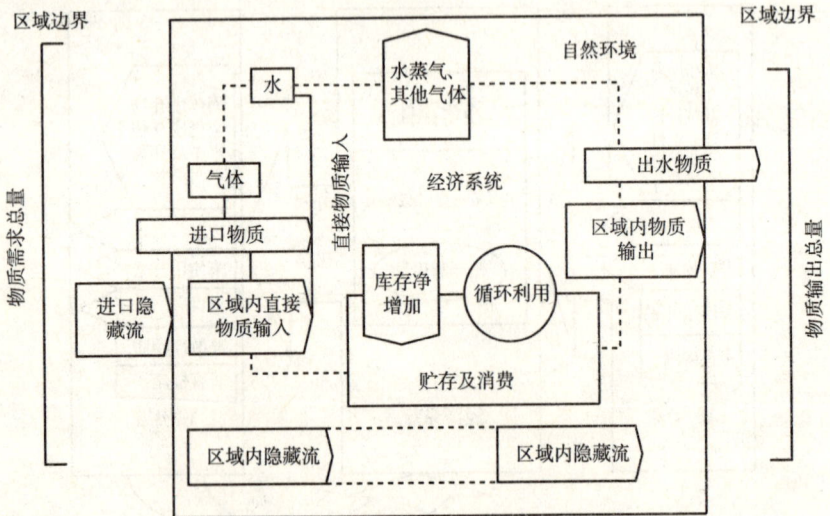

图 5 - 2　经济系统物质流分析研究框架

　　在微观元素实践分析方面，河北农业大学的马林利用养分流动的方法，根据物质流思想建立区域氮素流动模型，来分析氮素养分在黄淮海区域间的流动状况[128]，如图 5 - 3 所示。

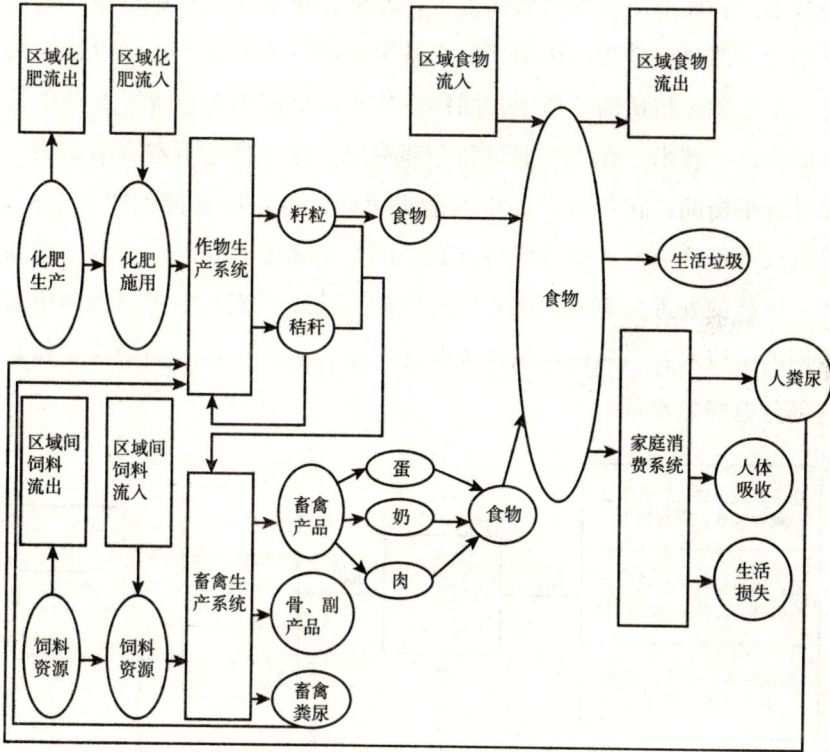

图 5 - 3　区域氮素养分流动模型框架

　　在对选矿厂进行分析过程中，周兴龙建立了图 5 - 4 所示的选矿过程物质流分析模型[13]：（1）输入端。三个主要部分组成了选矿厂的物质输入系统，它们是：①实物物质输入，这些实物被直接用于选矿过程消耗，包括：矿石、钢材、水、药剂和零部件及其他消耗物品；②资产输入，这些则是为选矿生产提供必要条件的，包括：土地、厂房、建筑物、选矿设备和运输机械等；③其他投入，是为保证选矿厂正常运转的，包括：劳动力、技术、管理、电力和各种费用。
（2）输出端。对其矿石进行加工后的选矿厂，主要生产精品矿、尾矿和废水等三种物质，生产过程中投入的钢材、药剂和其他消耗品等，经过生产各环节的吸附、磨损等，自然地转化到这三种物质中，成为其中的一部分。作为选矿加工的必备手段而投入的资产，则以折旧的方式增加到了精矿的价值中；同样，精矿的价值中也包含了生产中投入的劳动、技术、管理、能量和全部费用，这些都是不容易用实物量来进行平衡的；转化到产品中的能量消耗，也难以直接做能量平衡，只可以当作价值流进行分析与核算。（3）隐藏流。经过浓密等一些固体、液体的处理分离后的选矿厂的尾矿，选矿厂流程中可以再利用其返回的溢流水，当然也可以作为冲洗用水，选矿厂系统的隐藏流就是这部分返回的水量。

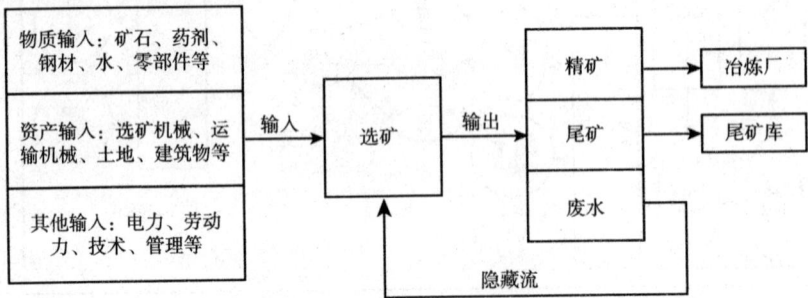

图 5-4　选矿厂 MFA 框架

5.5　矿山项目资源—价值流分析模型

通过对当前国内外物质流研究现状的分析可以看出，大部分的研究对象主要界定为国家或地区以及大城市这些范围较大的区域层面，或者对单一的矿山种类作为研究对象，进行的物质流宏观研究分析，

而应用微观物质流来分析一些企业层面或某种工艺的十分罕见。观察
具体研究实践可以看出，一般都是基于物质平衡原理来平衡物质输入
和输出总量的数量；在环境经济评价过程中，没有重视输出的副产品
及对社会的贡献，而是将重点放在向环境排放的废物量或潜在的隐藏
污染物流量上。另外，在输入端没有考虑投入经济运行系统中的土地
占用数量、基本建设规模、能源数量、劳动力构成和生产技术以及管
理水平等生产力要素，仅仅考虑了投入其中的固体物数量或实物数
量，即没有对各个环节的价值进行平衡，因而矿山项目的综合效益在
最后的结果中并不能真正体现出来。因此，现有的 MFA 方法只能分
析宏观物质流[146]，具体某个矿山企业，则需要建立一种比较系统、
全面和具体的微观的物质流分析方法。矿产企业物质流的研究与社会
经济物质流方面的研究相比较，则从属于相互渗透的多学科的综合性
工作，数据资料来源广泛而且巨大，而且还需要研究人员具有相应的
专业技术知识背景，具有很大的研究难度，在我国的研究领域基本上
属于空白。

　　针对某个具体企业或工艺流程，统计物质实物量的流入与流出的
关系，是物质流分析的本质所在，其中来自外部采购而取得的物质量
即为输入端流入的主要的物质量，企业的产品以及废弃物就是输出端
流出的物质量，系统的隐藏流则主要是企业的中间产品再回到企业进
行重新加工的物质。对输入端与输出端保持的数量上的平衡关系进行
分析是其根本所在。矿山企业的采矿工作需要包括汽油、钢材、水、
木材和药剂等物质在内的巨大的物质量投入，这些在采矿活动中基本
上都被消耗掉的物质，都被转变成为矿石、废石和废水等物质，所以
从输出和输入的数量上看，二者是不相等的。因此，这里就很难用传
统的物质流分析方法得到两者的平衡关系。另外，由于一些潜在但常
见的诸如植被破坏、水土流失、滑坡等地质灾害现象在矿山企业采矿

活动中很容易发生，而这些又都是常规的物质流分析无法衡量的，把对资源的价值流作为问题的研究核心则是环境经济评价的特点。在对输入端进行的分析中，资源价值流在顾及到所流入的实物或固体物数量的前提下，还重点考虑了在经济运行系统中已经投入其中的土地占用、基本建设、消耗的能源、所需的劳动力和科学技术以及企业管理等生产力要素，这就是对价值进行的所谓平衡分析。资源价值流可以很好地将一些无法进行实物核算的因素进行折算，如劳动力、电力、高科技技术水平、管理水平等因素进行折算，还可以充分考虑潜在的地质灾害带来的损失以及排放废物带来的自然环境损失，从而使分析的要素更加全面、综合和客观，能够对生产过程的投入和中间过程进行更全面的分析。然而根据目前有关资源价值流计算研究的情况来看，尚存在着一些问题：（1）目前资源流成本核算研究重点大多放在材料流成本核算上，不重视对系统、能源成本的核算，且研究还只是初步的尝试，许多深层次的原理、分类及数据集成方法均有待于进一步的深入分析研究；（2）资源流核算是以发达国家（如日本）企业管理信息系统为背景的，我国目前罕见这方面的案例研究。如何结合我国成本核算体系的实际情况，构建适合我国国情的资源价值流计算方法体系，通过计算和分析合格产品资源成本和废弃物损失成本，从而提供资源物量和成本损失比率，进而寻找改善潜力所在，评估改善方案的经济价值，是摆在我们面前的一个重要课题[150-155]。

　　无论是物质流还是价值流，其核心都是围绕输入和输出的平衡原理来进行分析的。为此，我们提出融合物质流和价值流的系统框架，将二者用一个统一模型资源—价值流的形式进行分析，而将物质流作为资源—价值流的一个特例。我们建立的统一的矿山企业的资源—价值流分析模型如图5-5所示。

　　对于系统边界的输入端，有：

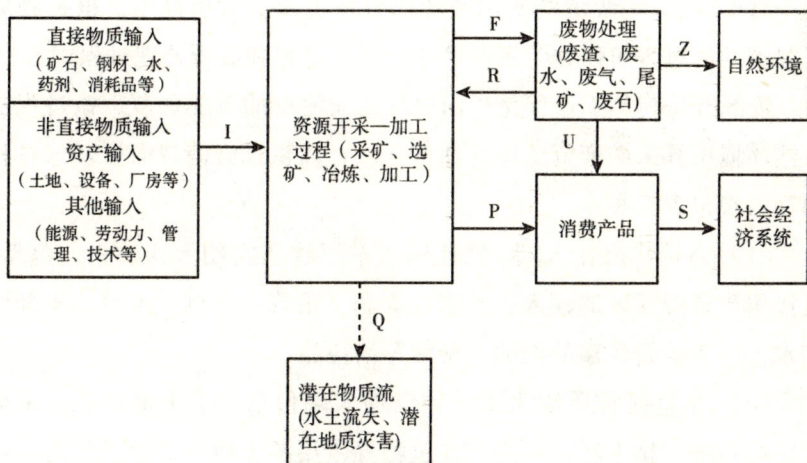

图 5 - 5 矿山企业的资源—价值流分析模型

$$I(X) = I(X) + I(X') \qquad (5-1)$$

其中 $I(\cdot)$ 表示价值变换，x 表示直接物质输入，x′表示非直接物质输入。从（5 - 1）式可以看出，对应于物质流分析，有 $I(x') = 0$；$I(x) = x$。

同样对于输出，有：

$$O(Y) = O(y) + O(y') \qquad (5-2)$$

其中 $O(\cdot)$ 表示价值变换，y 表示直接物质输出，y′表示非直接物质输出。从（5 - 2）式可以看出，对应于物质流分析，有 $O(x') = 0$；$O(y) = y$。

对于系统的输入输出关系，满足以下方程：

$$O(y_1) + O(y_2) + \cdots O(y_N) = I(x_1) + I(x_2) + \cdots I(x_M) + S(x_1, x_2, \cdots, x_M) \qquad (5-3)$$

其中 $S(\cdot)$ 表示系统物质的存量的价值变换。同样对应于物质流分析，有 $S(x) = x$。

对于图 5 - 5 所示的矿山企业的资源价值流分析模型，根据物质资源流动的过程可以分为资源开采—加工过程和废物处理过程[127]。

资源开采与加工过程是矿山项目物质流动的首要环节，该过程从自然环境中开采矿产资源进行加工生产，以供社会消费需要。该过程的输入端包含三类：

（1）直接物质输入端。物质输入端以物质实物形式输入，包括：直接用于资源开采的输入：矿石、炸药、雷管、钢材、木材、零部件和水；用于矿石运输的汽油、柴油等消耗品。

（2）非直接物质输入端，物资输入端包括：①土地资源：采矿厂、废石场、排土场、厂房、建筑物等占用的土地；②设备资源：用于资源开采的挖掘机、选矿设备、用于矿石运输的钢轨和交通工具。

（3）其他输入，包括能源、劳动力、技术、管理等。

资源开采与加工过程的输出端主要可以分为输出实物与输出潜在危险。

① 输出的实物：矿石、废石和废水以及粉尘；

② 输出的危险：矿山的资源开采会造成水土流失、植被破坏，会带来潜在的地质灾害，这些损失以潜在物质流形式存在。包括泥石流、滑坡和采空区以及地面塌陷等一些常见的、潜在的地质灾害。

企业在生产过程中，将输入的资源转化为产品和生产废物输出，假定该过程中没有物质存留，即总输入量等于总输出量。其输入总量包括从资源开采过程输入的 I 和从废物处理过程输入的 R，其输出量中产品和生产废物的流量分别为 P 和 F。由物质质量守恒知：

$$I + R = P + F \qquad (5 - 4)$$

定义废物再资源化比率 α 为再资源化资源占废物总资源流量的比例，即：

$$\alpha = \frac{R}{I + R} = \frac{1}{1 + I/R} \qquad (5 - 5)$$

显然，提高废物再资源化比率 α 的主要途径就是减少 I/R 的比率，提高废物处理过程输出占总资源量的比率。

废物处理过程是矿山建设项目的另外一个重要的过程。废物处理过程从产品生产过程输入生产废物 F，对于矿山项目，生产废物包括：废渣、废水、废气、尾矿、废石。把这些废物再资源化处理或无害化处理后全部输出，一部分以资源形式输入产品生产过程，流量为 R，一部分以再利用产品的形式（通常为副产品形式）输入产品消费过程，流量为 U，最后一部分以流量 Z 排入自然环境。

再利用产品主要为经废物处理后重新进入消费产品过程的部分。矿山项目的再利用产品主要为对废物处理得到的产品或副产品。定义产品再利用率 β 为再利用产品量占生产产品总量的比重：

$$\beta = \frac{U}{U + P} \qquad (5-6)$$

由于通常生产产品的流量 P 远远大于再利用产品的流量 U，故有：

$$\beta \approx \frac{U}{P} \qquad (5-7)$$

显然，提高 U 可以提高资源的再利用率。

定义废物处理率为再生资源和再利用产品占生产废物的流量的比重：

$$\gamma = \frac{U + P}{F} \qquad (5-8)$$

显然，提高 U 和 R 都可以提高资源废物处理率。

循环经济的基本特征是参与经济活动的物质要素呈环状流动状态，包括产品生产过程中资源利用率的提高，产品消费过程中产品的再利用，生产废物和消费废物的再资源化等。物质流分析系统中，参与环状流动的物质要素越多，其循环程度越高，即循环经济的程度也越高。

　　循环经济的资源效率是指单位天然资源所能生产出来的产品量。提高资源效率，就可用较少的天然资源生产较多的产品，减少废物和污染物向环境的排放，降低环境负荷。生产流程的矿产元素的资源效率是指统计期内输入生产流程单位天然矿产元素资源量所能生产的最终合格产品量。它等于最终合格产品元素量除以输入该流程天然矿产元素量。

$$\eta = \frac{S}{I} \qquad\qquad (5-9)$$

　　循环经济的发展程度可以用循环指数表示。循环指数 H 的基本思想是：某一时期内参与环状流动的资源流量在总的资源流量中的比例。在矿山企业中，参与环状流动的资源流量包括 R 和 U，总的资源流量包括 R 和资源开采与加工过程的输入 I。循环指数 H 的数学表达式为：

$$H = \frac{R+U}{R+I}$$

$$= \frac{1+U/R}{1+I/R}$$

$$= (1+U/R)\alpha \qquad\qquad (5-10)$$

　　显然，提高循环指数的途径有两个：增加废物再利用产品 U 的数量和增加废物再资源化比率 α。这表明，如果矿山企业满足该模型的基本假定，那么提高废物再资源化的程度、提高废物再利用的程度都有利于矿山企业循环经济的构建。假定系统输出的潜物质流 Q = 0，由于：

$$H = \frac{R+U}{R+I} = \frac{F-Z}{F+P} < \frac{F}{F+P} < 1 \qquad (5-11)$$

　　由上式可知，循环指数 H 为小于 1 的正数。H 与循环经济的"3R"原则是一致的，反映了循环经济的再利用和再资源化的程度，

H 越接近 1 说明矿山企业的循环经济程度越高。

5.6　矿山企业发展循环经济对策

　　矿山是资源开发和利用的重要企业，是推行循环经济的重点，倡导绿色数字化理念，建设生态矿山，保持矿山可持续发展均可以获得可观的经济和社会效益。矿山企业发展循环经济，需要从以下四方面着手：

　　（1）在环境保护方面，矿山开发要完善生态环境保护治理方案，减轻矿区活动对生态环境的破坏。治理的措施是边生产边治理。露天开采的矿山，要减少矿山固体废料排放及粉尘和噪音污染，规范操作规程，确定合理的开采顺序、开采方法。采石场开采作业须遵守自上而下、分水平台阶开采的原则，确保矿山安全生产[142]。

　　（2）在资源勘探环节，其评价和规划都要讲求综合，这也是资源综合利用的重要基础。国情显示，我国现已探明的矿产资源，构造非常复杂，一些矿山的共伴生矿也很多。鉴于这些特点，在矿产资源勘探过程中，要按照发展循环经济的要求，除了主要的资源重视外，对也需综合勘探共伴生的资源，不能忽视进行综合评价和综合规划工作，创造更多的综合利用资源的条件。

　　（2）在资源开采环节，要把减少土地占用、减少废石出坑量、降低贫化率和高回采率等作为工作重点。而采矿发展循环经济的重点在于提高矿山的回采率，降低损失率和贫化率。露天采矿时，可以采用陡坡开采、高台阶开采的方式，并运用间断—连续运输工艺或陡坡铁路—公路联合运输工艺等集成化技术；地下采矿可以采取集中强化开采的方式，并运用无轨采矿工艺、连续出矿工艺等技术，以达到大规模、高效率和低成本的矿山开发目的。采矿废石和围岩，是矿山开发中产出最多的废弃物。以建筑为主的露天开采的矿山，因其矿石的化学性质、石料的加工方式及岩渣的回收利用，一般不会产生其他矿床采选时出现的尾砂排放、土壤重金属污染及地下水污染等问题，需要解决的是矿产资源的浪费问题。对采矿过程中废弃的土石方尽量就地利用，不能利用的则集中堆放；剥离土可以留做开采完毕复垦用土。矿山开发中自然生态环境治理工程应因地制宜，坡面应平整、无浮石及松动岩石、边坡角符合安全要求、落碎台平整成外高内低、种植耐干旱、耐瘠、耐寒植物，以利于水土保持。井下废石充填技术，将井下产生的废石全部填充到井下巷道内。矿山开采过程中产生的矿坑水及选矿废水在采矿凿岩时进行循环利用。

（3）在选矿和冶炼这些资源加工环节，要把提高选冶的回收率和共伴生元素的综合回收率作为重点。矿业领域发展循环经济的重要内容之一，就是想方设法提高选冶金属回收率和共伴生矿的综合利用率。想提高资源的利用效率，可以通过利用提高回收率来实现，还能够在资源供给量相等的状态下，取得数量多而且有用的金属产品，或者是取得金属产品数量同等，而矿产资源的消耗数量在降低。这些做法，都是矿山企业实施减量化与发展循环经济的核心所在。

（4）积极推广清洁生产，提高生产工艺，将矿产资源开发由一次性外延式转变为循环闭路式，把产业链中上游产生的废弃物变为下游的生产原料，充分利用资源。积极开发新工艺、新技术，推进废水、废渣、尾矿、余热等二次资源的综合利用。矿业二次资源再利用的重点在于尾矿的再利用。应努力开展技术创新活动，提高尾矿利用率，减少矿产资源的浪费。多达上百亿吨的尾矿数量堆存在我国各地，其中仅仅是矿山尾矿储存量就已经超过了 40 亿吨。从循环经济的角度看，尾矿是人工矿床，仍然是"矿"，而且具有重要的利用价值，应当注意再利用，因为尾矿中存在大量的有用金属和其他物质，开发其潜在的经济价值是难以估量的。通过这一点我们更加佐证了"世界上没有废物，只有放错了地方的资源"这句名言[140]。

　　按照传统的工艺流程，矿山项目的产品生产过程，由采矿、选矿、冶炼等环节组成，而企业各个职能部门之间的循环和企业的大循环构成了矿山项目的循环。必须从减量化和再利用方面开始进行采矿方面的循环。从减量化来看，一是在采矿过程中尽量减少废石的出坑数量，尽量降低土地由于废石的堆放造成的占用和污染；二是想方设法使得回采率有所提高，贫化率和损失率有所降低，实现消耗资源减少与矿山服务年限延长的目标；三是努力降低炸药和钢材等方面的材料消耗。从再利用方面来看，一是采空区或坑道用废石回填，提高废石再利用率；二是积极探索排土场的复垦问题，如可以将树木和植物大量种植于复垦的排土场，有效地再利用有限的土地资源；三是复垦采空区，复垦后的采空区既能够养鱼，也能够种植林业。采矿企业发展循环经济着重点如图5-6所示。

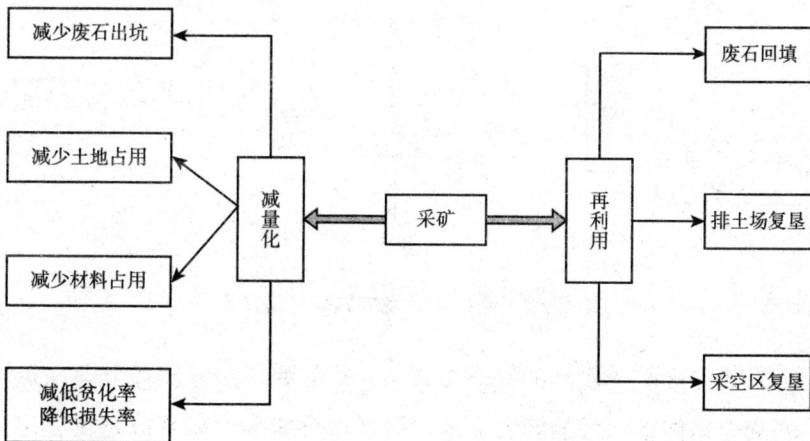

图5-6　采矿企业发展循环经济流程

　　选矿企业发展循环经济如图5-7所示。"再利用和综合利用"可以作为选矿发展循环经济的主要切入点。一是对选矿尾矿进行再利用时，要注重采用新技术、新工艺、新设备，充分发挥尾矿的再次资源作用；二是对选矿废水进行处理后要积极采用物理化学方法来实现选矿废水的再次循环使用，从而提高回水的利用效率；三是通过革新工艺提高技术，使综合回收伴生元素的工作得到强化，共伴生元素的综合回收率和资源的综合利用率均得以有效提高，挖掘所采出矿石的最大价值；四是可以通过采用新的工艺、更换新的设备使选矿指标大幅度得到提高，从而达到节能降耗的目的。

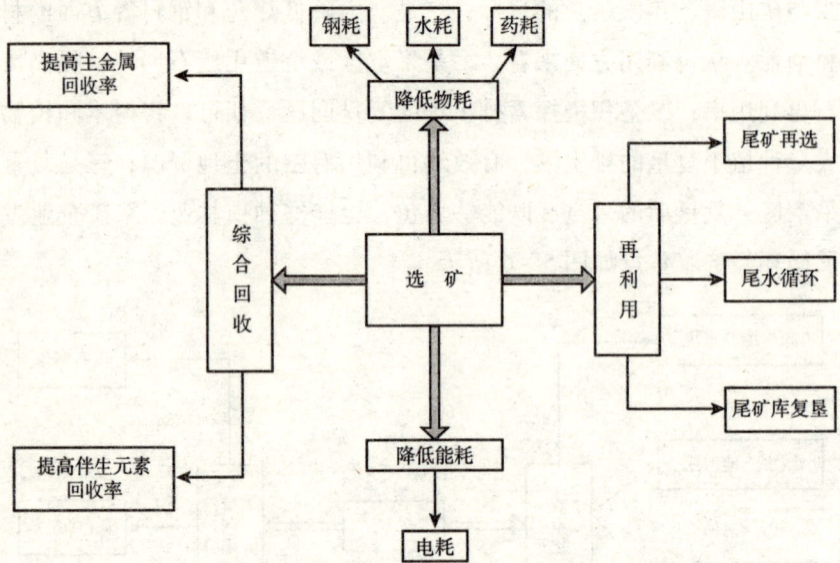

图5-7 选矿企业发展循环经济流程

采矿与选矿企业间的循环如图5-8所示。在采矿环节，采选之间的配合是需要注意的问题，重点是要尽可能为选矿环节提供合格的原材料；而选矿环节，则尽可能提高其选矿指标，选矿生产用水尽量能充分利用采矿坑道水；采场充填的原料可以采用选矿最终返回矿山的尾矿来充当，实现选矿与采矿的相互可以实现原料交换，互相耦合，尽力减少占用有限的土地资源和污染矿区环境。

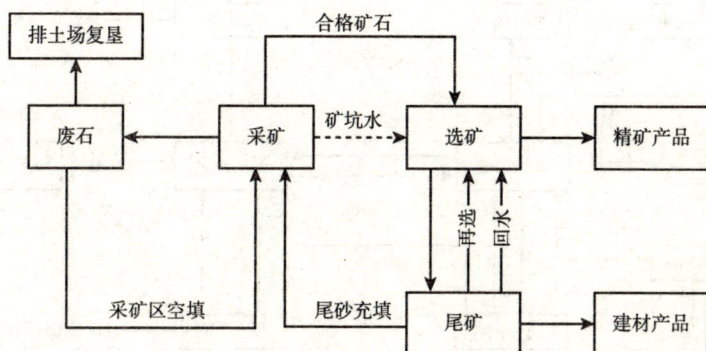

图 5-8　采矿厂和选矿厂发展循环经济流程

　　冶炼企业发展循环经济如图 5-9 所示，资源化与再利用、"废气、废水和废弃固体物"的减量化甚至"无废排放"以及充分利用余热余压是冶炼企业发展循环经济的重点[137]。在一些有色湿法冶炼企业的生产过程中，除对冶炼出的主要金属回收外，还需对伴生的金、银、锗、钴、锅、佗、铁等有色金属的综合回收和分离进行综合地考虑，这些伴生金属可以转化成规格和等级不同的金属中间商品；对于露天堆积的数量巨大的湿法浸出渣，需要在堆存和管理上下工夫，努力采用适合的方法，这些"废渣"待资金和技术条件具备时，将会变成实施循环经济的重要原料；用水量较大的湿法冶炼，应综合治理其废水，让使用次数达到最大，多余的部分也要实现达标排放，分步达到零排放是其最终目标；有色金属火法冶炼企业的烟气和烟尘的回收是其考虑的重点，还有就是余热余能的利用，最终实现清洁生产；全部是火法冶炼的钢铁冶金，水耗与能耗数量都很多，节能降耗就成为其发展循环经济的重点，还有把余热和余压用来发电，废渣也要进行综合利用，实现全面的清洁生产。

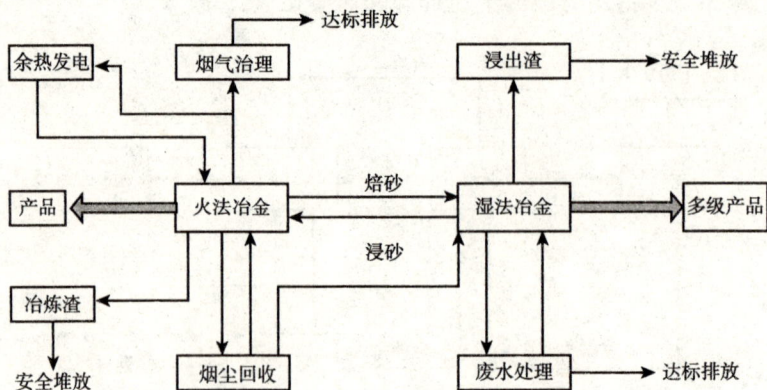

图 5 - 9　冶炼企业发展循环经济流程

5.7　本章小结

　　物质流分析是分析循环经济的一种重要手段。本章首先回顾了物质流分析方法和发展概况，针对物质流分析不全面的缺点，提出了融合物质流和价值流的系统框架，将二者用一个统一模型资源—价值流的形式进行分析，而物质流相当于资源—价值流的一个特例，在此基础上建立了矿山企业的资源—价值流分析模型，并给出了该模型相应分析指标的输入输出数学表达形式。

第6章 矿山企业发展循环
经济实例研究

　　传统的矿山企业是一种高能耗、高污染的生产企业，采矿活动过程必然有矸石、废水排放和地质环境的破坏，在选矿过程则需要消耗大量的水资源，同时会有尾矿、废水、烟尘废气排放，为了合理处理这些"废弃物"使之满足环境保护的要求，需要企业大力发展循环经济，进行技术创新[138]。本章分别以采矿厂和选矿厂为例，研究其循环经济发展的状况，介绍循环经济生产模式在该企业的应用。

6.1　涞源县银山口铅锌矿采矿厂
发展循环经济示例

　　涞源县位于保定市西北部，西与山西省灵丘县相接，北与张家口市蔚县毗邻，东连涞水、易县，南接顺平、唐县、阜平。县城距北京160km，距石家庄156km，距保定89km。境内有京原铁路及京原线、津同线、天走线等公路国道通过，交通较为便利。涞源县银山口铅锌矿位于涞源县王安镇银山口村西，矿区隔一条天然荒沟与银山口村相邻，距离约600m，向北2.5km为王安镇，西北方向为南赵家庄村，目前该矿区的采矿方式为露天开采，平硐溜井开拓方案。采场底部标高850m，矿山生产规模为年产矿石3×10^4t，服务年限12年。矿山面积0.1866km²，采矿深度950m～750m标高。目前，矿区范围内的铅

锌矿石保有储量为 46.2557×10^4 t，矿石平均品位 Pb：0.55%，Zn4.00%；其中以铅锌为主的矿石总量为 17.6213×10^4 t，矿石平均品位 Pb：0.96%，Zn5.42%；以锌矿为主的矿石总量为 28.6344×10^4 t，矿石平均品位 Pb：0.27%，Zn3.40%。已经探明的利用储量为 46.2557×10^4 t，按90%的矿石回采率计算，预测可采储量为 41.6301×10^4 t。矿石中含有的元素主要包括铅、锌以及硫，还有银和锗，其中后面两种是伴生回收。硫化矿和氧化矿共同生成矿石中的铅锌矿，开采出来的矿石按固定比例进行配矿，然后当作混合矿进入选矿环节。选矿企业生产环节的流程是：先硫后氧、先铅后锌、磨矿、分阶段进行矿种选择。矿石经加工后得到5个精矿，分别是氧化铅、氧化锌、硫化铅和硫化锌及硫精矿。铅精矿中将进行伴生回收金属银，锌精矿中将进行伴生回收金属锗。

下面以银山口铅锌矿采矿企业为例，对企业发展循环经济的具体情况进行分析。

6.1.1 银山口铅锌矿采矿的主要技术流程

采矿生产工艺过程主要包括凿岩、井巷开拓、爆破、装载运输等环节，采矿工艺流程及排污节点见图6-1。

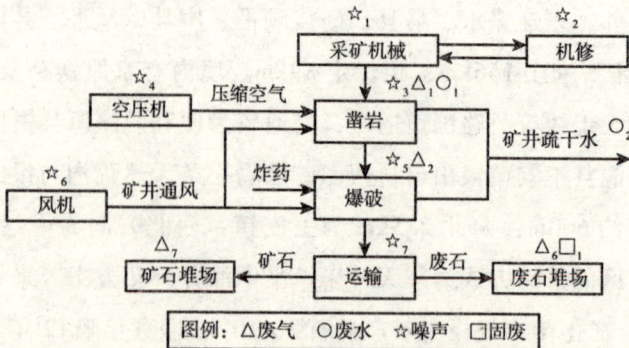

图6-1 工艺流程及排污节点

排污节点说明见表6-1。

表6-1　　　　　　　　　主要污染源及排污点一览

类别	序号	污染源	主要污染物	产生规律	去向
废气	△₁	凿岩	粉尘	间歇	排出地表大气环境
	△₂	爆破	粉尘、CO、NOx、SO₂	间歇	
废水	○₁	凿岩	Zn、SS、COD	间歇	去选矿厂
	○₂	矿坑疏干		间歇	
噪声	☆₁	采矿机械	机械噪声	连续	隔声后进入环境
	☆₂	机修机械		间歇	
	☆₃	凿岩机		间歇	
	☆₄	空压机		连续	
	☆₅	爆破	爆炸声	间歇	
	☆₆	风机	机械噪声	连续	
	☆₇	矿石运输	机械噪声	连续	
固废	□₁	采矿废石	SiO₂等	间歇	废石场

6.1.2　主要污染物产生、治理及排放情况

银山口铅锌矿的矿石开采方式为坑采,生产过程中凿岩、爆破、矿石(或废石)的运输、矿坑的通风和排水等将产生废气、废水、固体废物及噪声,另外辅助生产设备的冷却,机修车间的设备检修过程也要产生废水和噪声。

1. 废水

银山口铅锌矿的采矿区位于山区,开采矿体位于当地侵蚀面以上,远离地表水体,从以往的资料和开矿情况看,该矿区水文地质条

件简单，矿坑排水量较少。正常生产时，采矿产生的废水主要是矿坑排水。

根据矿山多年的统计资料，矿坑排水的平均产生量为 110m³/d。类比本县其他矿山的水质情况，矿坑排水中的主要污染物是 SS、COD、Zn，矿坑排水中的重金属离子浓度一般不能满足《污水综合排放标准》（GB8978—1996）一级标准的要求。根据当地环境特征和国家法律法规的要求，该采矿厂的矿山排水不能直接排入地表水系统，须经沉淀后回用于矿山井下凿岩机用水、井下抑尘用水、道路堆场抑尘洒水、绿化以及作业场地用水等，剩余部分排入矿山下的银山口铅锌选矿厂利用。采矿区产生的生产废水为空压机冷却水的排水，水量仅有 3.0m³/d，除盐分略有升高外，其他成分与矿井排水基本相同，属清净下水，可与剩余的矿井涌水一并排入矿山下的银山口铅锌选矿厂利用[139]。

排入银山口铅锌选矿厂再利用的废水情况列于表 6-2。

表 6-2　　　　排入银山口铅锌选矿厂再利用的废水情况

废水名称	水量 (m³/d)	pH	主要污染物（浓度 mg/L；排放量 kg/d）							
			COD		SS		石油类		Zn	
			浓度	排放量	浓度	排放量	浓度	排放量	浓度	排放量
矿坑排水	15.5	8.0	30	0.47	50	0.78	4	0.06	3	0.03
冷却排水	3.0	8.0	20	0.06	60	0.18	4	0.01	3	0.006
合　计	18.5	8.0	29.4	0.53	51.9	0.96	4	0.07	3	0.036
标准值		6～9	100		70		5		2	

2. 废气

该采矿厂采用全面房柱开采方式进行开采，为了改善井内空气条件，采矿工艺采用副井进风，斜井回风系统。由斜井排至地表的污风中含有粉尘、SO_2、CO 和 NOx，其中 SO_2、CO 和 NOx 主要来源于爆破作业，粉尘主要来自凿岩、爆破和矿石转运。采矿生产过程中产生大量的废气对矿工的安全和健康构成较大的威胁。为使矿坑内空气质量达到国家卫生标准，设计采用"风、水结合，以风为主"的综合防治措施。通风是控制矿山空气中有毒有害气体浓度的最主要和最有效的方法。本工程除采用对角抽出式通风系统进行通风外，在掘进工作面和需要独立通风的硐室均采用局部通风。在凿岩时还采取湿式凿岩作业、矿堆喷雾洒水、装卸矿石喷雾洒水等降尘措施，使采场空气含尘浓度控制在 $1mg/m^3$ 以下。井下爆破作业是矿井废气中烟（粉）尘、SO_2、CO、NOx 的重要来源。为控制污染，除加强井下通风外，还须采取喷雾洒水、湿式作业、定期对主要入风巷道进行洗壁等降尘措施。爆破作业后一般要通风 3~4 小时，再进行放矿等作业。坑内的新鲜风由采矿井进入，污风由通风井排出，全矿总通风量为 $11.7m^3/s$（$42000m^3/h$），根据本工程的开采量、炸药使用量及工作时间并类比其他同类矿山的情况，矿井废气及污染物排放状况见表 6-3。

表 6-3　　　　　　　　　　矿井废气排放情况

废气量 万 m^3/h	排放 高度* m	主要污染物（浓度 mg/m^3；排放量 kg/h）							
		粉尘		SO_2		CO		NOx	
		浓度	排放量	浓度	排放量	浓度	排放量	浓度	排放量
4.2	15	1	0.042	15	0.630	1.7	0.071	1.6	0.067
标准值*		120	3.5	550	2.6	2000	15	240	0.77

注：*标准值：《CO 采用固定污染源—氧化碳排放标准》（DB13/478—2002）表 2 二级标准，其他执行《大气污染物综合排放标准》（GB16297—1996）表 2 二级标准。

由表 3-8 所列数据可知，外排的矿井废气符合相应标准的限值要求。

3. 噪声

矿山开采过程中，凿岩、爆破、矿石铲装、装载机械运转均产生噪声。

（1）凿岩机噪声。

凿岩机噪声高、频带宽，是采矿工业中最严重的噪声污染源。据类比实测数据，凿岩机噪声平均为100dB（A）。

（2）爆破噪声。

爆破噪声属瞬间噪声，瞬时源强在180dB（A）左右，每天一次。

由于该矿为硐采，高噪声设备大多在井下，到达地面以上噪声值基本降低到55dB（A）以下。

采矿主要噪声源及其控制措施见表6-4。

表6-4　　　　　　　　　　　主要噪声源及其控制措施

噪声源	数量	源强 dB（A）	降噪措施	治理后声级 dB（A）
空压机	2	100	置于矿井内隔声	不影响地表
凿岩机	3	100	置于矿井内隔声	不影响地表
通风机	1	85	基础减振，厂房隔声	60
泵类	1	85	基础减振，置于矿井隔声	60
爆破		180	矿井隔声	55

4. 固体废物

采矿厂产生的固体废物主要来自采矿废石，约占开采量的10%，废石产生量0.3万t/a，为保护地表生态环境，减少废石堆存量，部分用于回填采空区，部分废矿石运出矿井，运往废石场（见表6-5）。

表 6 – 5   正常运营期污染物排放情况（2007 年统计）

项　　目		各类污染物排放量
废水	废水量（万 m³/a）	0
废气	废气量（万 m³/a）	30844.8
	粉尘（t/a）	3.61（其中点源：0.31；无组织排放：3.30）
	SO₂（t/a）	4.63
	CO（t/a）	0.043
	NOx（t/a）	0.082
固废		0.3 万 t/a 废石排入废石堆场

6.1.3　采矿厂的资源—价值流模型分析

本书进行资源—价值流平衡核算所用的基础数据，均取自银山口铅锌采矿厂 2007 年全年的生产统计数据。下面给出采矿厂的物质输入和输出要素。

（1）输入端。选矿厂的物质输入主要有三个部分，包括：①直接用于采矿过程消耗的物质实物输入：粗矿石、药剂、钢材、水、零部件、其他消耗品等；②为选矿生产提供必要条件的资产输入，如选矿设备、运输机械、土地、厂房、建筑物等；③保证选矿厂正常运转的其他投入，如电力、劳动力、技术、管理、各种费用等。

（2）输出端。采矿厂对粗矿石进行加工后，主要产出矿石、废石和废水三种物质，投入的资产作为选矿加工的必备手段，以折旧方式转化为精矿的价值；投入的能量、劳动、技术、管理和各种费用则转化到废石的价值中，不能用实物量进行平衡；能量消耗后也转化到产品中，不能直接进行能量的平衡，只能作为价值流进行核算。

（3）隐藏流。采矿厂的溢流水可以经循环利用返回到选矿厂流程中再用，或作为冲洗用水，该部分返回的水量就是选矿厂系统的隐藏流。

首先对该采矿厂进行物质流分析。

（1）物质输入。

原始粗矿：35000t；

药剂：2#岩石炸药1350t、雷管945t、导爆管2565t、机油540t；

辅助材料：钎子钢432t、钎头81t、胶管216t；

水：总用水量为1410t，除15t的生活用水来自山泉水外，所有生产用水全部利用矿坑排水，水的重复利用率可达98.9%。矿坑排水为1100t，945t用于采矿生产外，其余155t和30t汇合后去矿山下的银山口铅锌选矿厂作生产用水。

输入合计：原始粗矿：35000t；辅助材料：729t；药剂：5400t；水：1410t。

（2）物质输出。

矿石：30000t；

废石：1500t（采矿产生废石3000t；筛选1500t运往选矿厂，另外筛选1500t作为采空区充填材料）；

废水：310t。

利用上面所列数据，能够得到银山口铅锌矿采矿厂2007年的物质流的平衡图，如图6-2所示。计算得到该采矿厂的再资源化比率 $\alpha = \frac{1}{1+I/R} = \frac{1}{1+4.25/0.245} = 0.576\%$ ；废除处理率 $\gamma = \frac{0.15+0.095+0.0185}{0.3+0.14}$ $= 0.5989$ 。系统的循环指数 $H = 0.0597$ 。该采矿厂产生的废石50%目前已全部用于采矿的采空区充填，输出的水分中，水的重复利用率可达98.9%。根据系统的物质流指标，可以说银山口铅锌矿采矿厂基本达到了环境保护的要求。从循环指数和处理率来看，说明采矿厂还应加大技术费用的投入比例，提高废石回填率和废水循环利用率，以进一步降低采矿厂环境保护的压力。

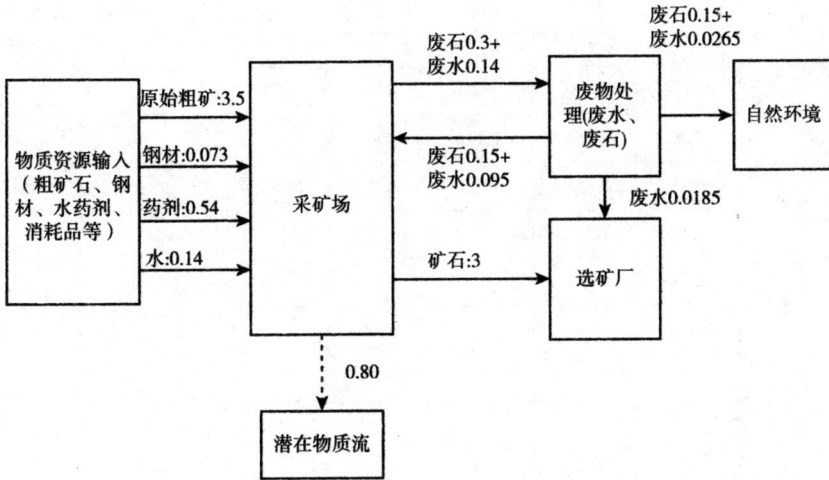

图 6 - 2　银山口铅锌矿采矿厂 2007 年的物质流（单位：万吨）

接下来分析该采矿厂的价值流。我们采用经济学的成本分析法对选矿成本投入进行分析，为了使计算具有一定的准确性，我们取该采矿厂正常生产的一年时间段作为计算依据。采矿厂的物质投入为粗矿石、水和其他消耗品，可以用数量乘以价格计算成实物的价值投入量，资产的投入为可长期使用的机械设备、土地、建筑物和现金等，可以采用折旧的方式分别计算为当月的投入，劳动力、技术、管理、电力等其他投入也可以转换成价值进行计算。其中技术投入和管理投入为无形资产投入，可以按经验取一定数值；电力投入为价格乘以用电量；劳动力投入为全部人员的月工资总和，据此可以估计采矿生产的总价值，统计结果见表 6 - 6。

表 6 - 6　　　　　　银山口铅锌矿采矿厂 2007 年的价值流分析统计

类型	项目	总输入 数量 (万吨)	单价 (元/吨)	价值 (万元)	项目	总输出 数量 (万吨)	单价 (元/吨)	价值 (元/吨)
物质输入	粗矿石	3.5	200	700	矿石	3	8500	25500
	药剂	0.54	1500	810				
	钢材	0.073	6000	438				
	水	0.14	4	0.56				
	其他							
资产折旧	设备			1500	废石	1.5	0	
	房屋			1600				
	土地			50				
	其他			300				
能源输入	燃料			10				
	电力	45×10^4	0.5	22.5				
其他输入	劳动力	2500	4 万/年	10000	废水		0	
	管理与技术			100				
	环保			100				
价值		15546			价值	25500		

6.1.4　采矿厂的清洁生产水平分析

清洁生产的推行与工业生产全过程控制是一致的。清洁生产是指不断采取改进设计、使用清洁的能源和原料、采用先进的工艺技术与合理、综合利用等措施,从源头削减污染,提高资源利用效率,减少或者避免生产、服务和产品使用过程中污染物的产生和排放,以减轻或者消除对人类健康和环境的危害的生产过程。清洁生产是循环经济的基石，它要求在减少对资源和能源消耗的同时，减少污染物的产生量。这就意味着在选择生产工艺、设备及原材料、确定产品和在产品的整个生产过程中的每一个环节，采取一系列综合措施，以尽可能减少原材料、能源的消耗，减少污染物的产生量和排放量，以减少对人类和环境的危害。

结合我国有色金属矿山目前的整体技术经济条件，针对本项目的主要生产特点，依照《中华人民共和国清洁生产促进法》的有关要求，对本采矿厂清洁生产水平进行评述。

1. 采矿方法

根据矿体的开采技术条件进行选择，可供选用的采矿方法有普通浅孔留矿法、干底部结构浅孔留矿和平底结构全面采矿法三种。根据地方民间开采特点，设计选用普通浅孔留矿法。其特点为设备投资少，生产工艺简单，管理方便，但工人劳动强度大，劳动生产率较低，其采矿方法属一般水平。

2. 主要生产设备装备水平

该工程主要生产设备无国家明令淘汰的项目，大部分为国产定型设备。采用 QB - 100 型装药器装药、非电导爆管微差挤压爆破，采场采用人工放矿，人工装车，由无轨运输设备运至地表。分析认为矿山装备水平一般。

3. 资源利用指标

（1）回采率。该矿山开采范围内的地质储量为 46.2557 万 t，采矿回采率为 90%，设计矿石开采量为 3 万 t/a。

（2）贫化率。该矿山工业储量品位锌矿石含 Zn3.6%，铅矿石含

Pb0.5%，贫化率为 10%。

（3）全员劳动生产率。该矿劳动定员 43 人，全年矿石开采量为
3 万 t，劳动生产率为 698t/人·a。

（4）电耗水平。该工程电耗总量为 45.2×10^4 kwh/a，单耗为
15kw·h/t 矿石。

4. 废物综合利用情况

该矿山矿坑水产生量为 $110m^3/d$，水质较好，矿山生产全部利用
矿坑涌水，不用新水，既节约了供水成本，又节约了水资源；矿山生
产过程中产生的废石（3000t/a），设计将废石的一半（1500t/a）充
填采空区，这样可避免大量废石堆存占用土地，破坏生态平衡和二次
污染。

综上所述，该工程清洁生产水平在国内同类规模企业中处于一般
水平，基本符合清洁生产原则要求，符合企业发展循环经济的条件。

6.2　丰宁三赢工贸有限责任公司招兵沟
选矿厂发展循环经济示例

6.2.1　招兵沟选矿厂简介

丰宁满族自治县位于河北省北部，承德市西部，地处张北高原和
冀北山地。界于北纬 40°53′~42°00′、东经 115°54′~117°20′之间。
西靠张家口市的沽源县和赤城县，东连围场蒙古族满族自治县和隆化
县，北接内蒙古自治区多伦县，南临滦平县和北京市怀柔区。县境南
北长 122 公里，东西宽 136.5 公里，全县总面积 8765 平方公里，是

河北省第二大县。丰宁地处华北平原、东北平原和内蒙古高原衔接的三角地带，邻近北京、天津、承德、唐山。丰宁县三赢工贸有限责任公司招兵沟选矿厂位于丰宁县胡麻营乡河东村招兵沟，地理位置中心坐标为东经116°57′08″，北纬41°06′08″。选矿厂与招兵沟铁矿同处一条大山沟内（招兵沟），距县城约27公里，距铁矿约1公里，距河东村约1公里。选矿厂区位于沟西岸的半山坡上，现有尾矿库位于选场北侧，新建尾矿库位于招兵沟南侧的老营沟，弃渣场位于现有尾矿库上游。

6.2.2　招兵沟选矿厂物质流分析

招兵沟选矿厂采用二段一闭路破碎筛分流程，一段闭路磨矿，图6-3为该矿厂的原有生产工艺流程及排污节点图。

图6-3中各个过程的作用如下：

（1）加料：矿石堆放在矿石堆场暂存，生产时由人工用推车将矿石送进颚式破碎机料仓进料口。（2）粗碎：矿石首先进入颚式破碎机进行粗破，被破碎成直径5 cm左右的碎石块，破碎机出口与皮带输料机相接，经过破碎后的矿石落在皮带输料机的传送带上，由传送带送至下一级破碎机。（3）中碎：经粗碎后的矿石由传送带送至颚式破碎机进行中碎，被破碎成直径约2 cm左右的碎石块，经过破碎后的矿石落在皮带输料机的传送带上，随传送带送至干式磁选机内。（4）干选：通过干式磁选机分离出部分废石，以减轻磨机负荷，提高生产效率，选出的废石堆放在弃渣场。（5）球磨：电磁振动给料机的料仓安装在中碎机下部，料仓出口与球磨机进料口采用密闭管道连接，落入料仓的矿石通过计量后进入球磨机加水粉磨，粉磨后得到的矿浆由泵打入高频筛进行筛分。（6）筛分：高频筛安

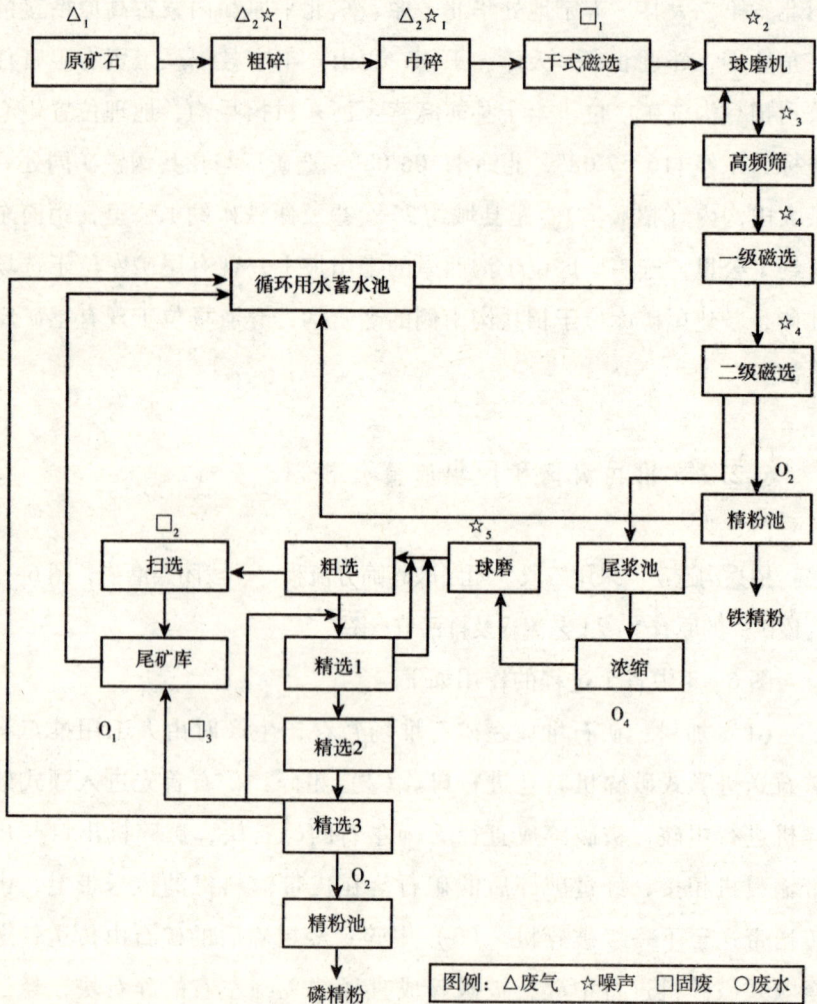

图 6 - 3　招兵沟选矿厂生产工艺流程及排污节点

装在地面以上 3m，由四角铁架支撑。矿浆进入高频筛以后，通过高频筛的振动分成筛下和筛上两部分，筛上部分粒径大于 40 目，利用高度差自流入球磨机继续粉磨，筛下部分的粒径小于 40 目，利用高度差自流入磁选机。（7）磁选：矿浆进入磁选机进行磁选，实现铁精矿与尾矿的分离。经二级磁选下来的铁精粉浆分别进入各级铁精粉沉淀池中,经沉淀后除去大部分水分即为铁精粉产品。尾矿浆进入浮选机继续浮选。(8)浮选:磁选后的尾矿浆经浓缩后,不合格的再次送入球磨机中重新研磨,将矿浆磨细。经分级机分级后,合格的(粒度在 $0 \sim 10mm$)矿浆进入浮选系统搅拌槽,同时向搅拌槽内按比例加入捕收剂、抑制剂、起泡剂等浮选药剂,矿浆及浮选药剂在搅拌槽内混合均匀后,在各种药剂的作用下,磷矿粒吸附于气泡而上浮,在浮选槽表面形成气泡层,然后被刮出收集。从而使磷矿颗粒跟矿石中其他杂质相分离。磷选系统采用一次粗选、一次扫选和三次精选流程,扫选出产品进入一步精选,其他成为尾矿,尾矿浆自流入尾矿砂浆泵站,直接用泵输送到尾矿库。精选出的矿浆经过滤后成为磷精矿。精选尾矿与扫选泡沫称为中矿,该部分含有一定量的有价值矿物,为提高浮选回收率,经收集后返回粗选工序循环利用。浮选在常温下进行。

在选矿生产过程中,矿石的破碎、皮带输送、球磨、脱水等生产环节将产生含尘废气、选矿废水、尾矿及噪声。其中(1)废气:主要大气污染源为矿石运输、装卸、破碎、堆放等生产过程中产生的粉尘。(2)废水:选矿生产工艺过程中产生选矿废水和精矿脱水废水。精矿脱水废水流入循环水池,尾矿废水排入尾矿库澄清后由泵排入澄清水池,两种废水澄清后由回水泵返回磨矿工艺继续使用,不外排。废水中主要污染物为 SS,并含少量的铁、磷、钛。(3)固体废物,工程固体废物主要来自选矿过程中的尾矿以及干选废石。尾矿 25.3 万 t/a 进入尾矿库堆存。(4)噪声:破碎机、球磨机、除尘风机等高噪声设备配置会产生噪声(见表 6-7)。

表 6-7 污染源简况一览

类型	序号	污染源	主要污染物	产生特征	去向
废水	O_1	尾矿库	SS	连续	经沉淀处理后回用于球磨
	O_2	精粉池	SS	连续	
	O_3	精粉池	SS	连续	
	O_4	浓缩池	SS	连续	
废气	$\triangle_1$	矿石堆放	粉尘	间断	面源
	$\triangle_2$	粗碎、中碎机	粉尘	连续	布袋除尘器
噪声	$\star_1$	粗碎、中碎	机械噪声	连续	环境
	$\star_2$	球磨机	机械噪声	连续	
	$\star_3$	高频筛	机械噪声	连续	
	$\star_4$	磁选机	机械噪声	连续	
	$\star_5$	球磨机	机械噪声	连续	
	$\star_6$	浮选机	机械噪声	连续	
固废	□1	干选	废石	间断	废石库
	□2	扫选	尾矿	间断	尾矿库
	□3	精选	尾矿	间断	尾矿库

招兵沟选矿厂把发展循环经济和工业生态学作为企业发展的指导思想，建立和开展循环经济的运行机制，将整体预防的环境战略持续应用于生产过程、产品和服务中，以增加生态效率并减少对人类及环境的风险。改造、替代、淘汰落后的生产工艺和有害物质，提高工艺效率，不断提高资源、能源利用效率，使废物在生产过程中消减或循环利用，使企业达到节能、降耗、减污和增效的效果，实现经济效益和环境效益的协调统一。原有工艺的主要缺陷是没有有效利用伴生资源，经过对原有工艺技术进行改进，原项目中选铁生产工艺和选磷生产工艺不变，而将浮选后的尾矿浆作为选钛的生产原料加以利用。技改项目是先选磷然后选铁最后选钛。选磷采用浮选，选铁采用二段一闭路流程，选钛采用重选、强磁选工艺流程。在磷、铁两种有价成分

的选别顺序上，根据生产工艺流程分析，从工艺合理性、经济技术指标比较，通过论证确定了先选磷后选铁的生产工艺流程。老系统由于先选铁后选磷，因此采用了磁滑轮干选抛尾，而新系统先选磷后选铁，不需要干选抛尾，可将破碎矿石直接入磨。经过技改后的项目物质流平衡图见图 6-4。

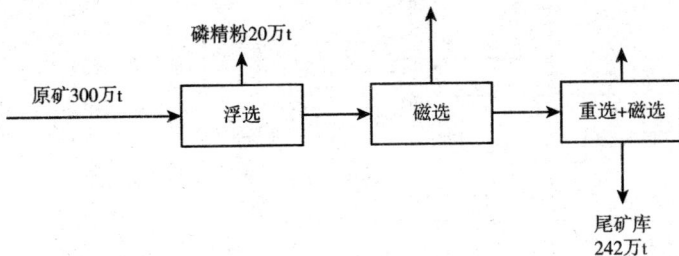

图 6-4　技改项目物料平衡

从图 6-4 可以看出，经过技改后每年可以增加钛精粉 8 万 t，从而可以大幅提高企业效益。对于尾矿，尾矿砂排入尾矿库内贮存。在尾矿库使用初期，尾矿砂一般被水浸没或具有较大的湿度，不会产生扬尘，但随着运行时间的延长，尾矿砂堆积量逐渐增加，部分区域形成干坡面，在有风条件下会产生二次扬尘。为了有效地减少尾矿砂裸露面积，防止尾矿库干坡面的形成，除采用多点进矿、干坡面洒水措施外，还要根据当地的实际情况，采取其他抑尘措施。矿床资源的开发带来生态环境的破坏，生态功能降低，当尾矿的服务期及服务期满后必须进行生态恢复。采用分区复垦的方式，在上部覆土即可进行植被恢复。

在选矿生产工艺过程中会产生大量的选矿废水和精矿脱水废水。图 6-5 为招兵沟选矿厂采用新工艺的物质流平衡图。新鲜水随生产用循环水进入本工程的生产系统，进入精粉的水随精粉蒸发或残留在精粉内，多余部分进入循环水蓄水池后回用于生产；进入尾矿浆的水

球磨

16290

16290

38290

−20

分级

16270

17150　　　粗选　　−20

扫选　　　−20

500　2200　　1300

54920　　　−20

1020　　　　精选1

100

680　　300　　700

精选2　　−20

660

300　　　　260　　300

54920　　　精选3

水井

2572　　　　　340

9580　　−1500

54580

尾矿库

磷精粉　　−200

磁选1　　−20

8260

筛分　　6300　　浓缩磁选

−20　　　　　　　1100

3040　　　　　球磨

精选机　　　　　5200

11080　　45000

−32　　集水池

400　　1020　　2000

−20　　磁选2　　1000

铁精粉　　−400

46940　　55140

56112

−20　　一次螺旋流槽　5000

50120

−20　　一次螺旋流槽　10000

40100

筛分　−20

球磨

40080

−20　　一次摇床　10000

30060

−20　　二次摇床

30700

1160　　−20　　强磁选　31080

钛精粉　−100　　32

40　　　−8

生活用水　32　　污水处理系统

12

冬季锅炉补水　2.4　　洒水除尘　−2.4

−9.6

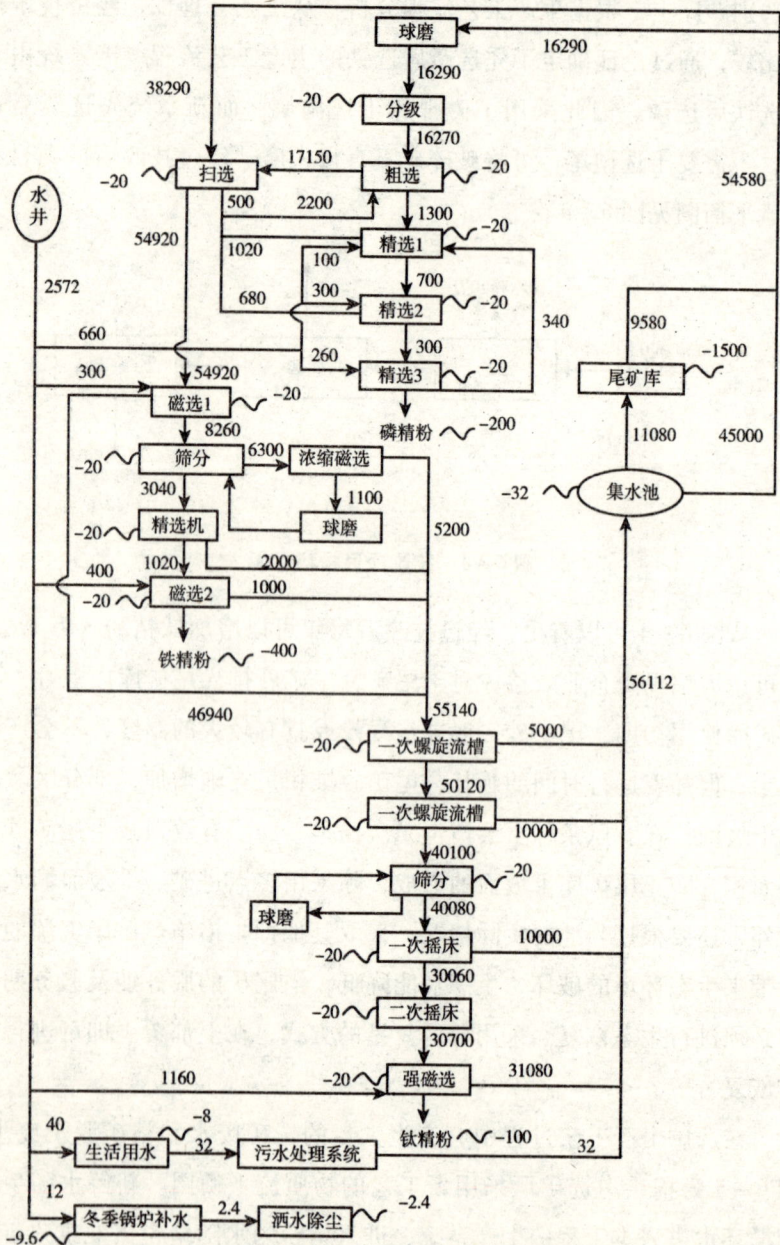

图 6 − 5　招兵沟选矿厂采用新工艺的物质流平衡

在尾矿库内蒸发或下渗，剩余部分尾矿库渗水收集池收集后回用于生产。进入生产系统的新鲜水全部在企业内部得以消耗。32m³/d 生活废水经过生化法处理并消毒后全部回用于生产，不外排。全部废水都在企业内部得以消耗，因此采用新技术后招兵沟选矿厂不再外排生产和生活废水，达到了水循环利用的目的。通过对选矿废水的有效处理和利用，使得 90% 以上的选矿废水得以循环再利用。这不仅减少了废水的排放量，同时也减少了选矿用水的取水量，既保护了环境，又实现了降低成本增加效益的双赢局面。

6.2.3　选矿厂的清洁生产水平分析

表 6 - 8 为招兵沟选矿厂与国家选矿清洁生产标准（TJ/T294 - 2006）确定的资源能源、选矿污染物产生和废物回收指标比较。从中可以看出，经过技改后尾矿浆通过砂浆泵全部输送至尾矿库，废水除少量损失外，其余均收集后回用于生产工艺，不外排，水耗指标、废水产生量、悬浮物产生量、水的循环利用率属一级水平；由于原料矿石品位较低，产品品种较多，金属回收率属三级水平；电耗指标属二级水平；选厂的尾矿砂全部回用于选磷钛，尾矿综合利用率属一级水平；全员劳动生产率为清洁生产一级水平。

表 6 - 8　　　　　　招兵沟选矿厂选矿清洁生产指标

项　目		清洁生产指标			招兵沟选矿厂	水平
		一级	二级	三级		
资源能源利用	金属回收率%	≥85.0	≥80.0	≥70.0	77.40	三级
	全员劳动生产率（t/人·年）	≥3000.0	≥2000.0	≥1000.0	7500	一级
	电耗 kwh/t	≤20.0	≤25.0	≤30.0	22.8	二级
	水耗 m³/t	≤4.0	≤8.0	≤12.0	2.6	一级

续表

项　目		清洁生产指标			招兵沟选矿厂	水平
		一级	二级	三级		
污染物产生	废水产生量 m³/t	≤0.4	≤1.6	≤3.6	0	一级
	悬浮物产生量 kg/t	≤0.03	≤0.24	≤1.08	0	一级
废物利用	水循环利用率%	≥90	≥80	≥70	95.5	一级
	尾矿综合利用率%	≥30	≥15	≥8	100	一级

　　综上所述，招兵沟选矿厂通过发展循环经济，经过技改后该企业的清洁生产水平达到国内先进水平。该企业在发展循环经济过程中，将整体预防的环境战略持续应用于生产过程、产品和服务中，增加生态效率并减少对人类及环境的风险。通过对矿井水、尾矿、选矿废水的综合利用，在企业内部形成循环经济链，使上游生产过程产生的废弃物成为下游生产过程的原材料，实现废物综合利用，达到产业之间资源的最优化配置和"低开采、高利用、低排放"的可持续发展目标，在矿山企业内部具有极好的推广意义。

第7章 主要结论和展望

（1）相对于传统经济而言，循环经济就是一种革命性的进步，其增长优势突出地表现为投入较低、消耗很少和污染很轻以及产出量很高等几个方面。对于人类社会经济可持续发展和人类与大自然和谐共处，都有着重要的理论意义，同样也具有现实意义。我国的国情是地大物不博，资源环境的压力大于世界各国平均水平。全面发展循环经济是形势所逼，国情所需，也是全面实践科学发展观、建立和谐社会进而实现整个人类社会可持续发展的重要手段。

（2）矿山经济是国家的基础产业，矿山产业属于资源密集、劳动密集、资金密集和废物密集的大型产业，行业从业人员数量众多，生产过程中消耗自然资源数量巨大，占用的土地可以与基本建设占地相比，废气、废水和固体废弃物的排放规模之巨在各行业中也非它莫属，由此对环境造成的严重污染等社会问题也随之产生。无论从客观情况上讲，还是从现实需要上看，都有着发展循环经济的巨大潜力。企业循环经济是社会工业循环经济的基础，矿山产业发展循环经济的示范作用对其他行业影响巨大，可以带动国家整体循环经济的发展。因此，在矿山产业领域优先发展循环经济，应当作为我国产业改革的首要选择。

（3）建立矿山企业的内部循环体系和区域范围内循环体系是发展矿业循环经济的重点所在。构建矿山企业的内部循环体系时，应当分别根据采矿和选矿以及冶炼三种工艺分别考虑。构建体系内循环体系，采矿业要将减量化与再利用作为矿山企业的切入点；作为选矿厂，要从高回收和综合利用方面入手；而冶炼企业要把资源化与再利用作为重点。这样一来，在采矿和选矿以及冶炼三种企业集团内部，一种新型的循环模式就可以形成。矿业区域发展循环经济，应当遵循以下四项原则：产品的关联化、产业的聚集化和管理的集中化以及信息的共享化。在发展循环经济的过程中，要充分依托矿山研究、设计单位和高校的技术力量，加快用高新技术提升循环经济发展的技术水平，选择具有标志性目标和有广泛推广前景的先进适用技术，在矿山企业开展攻关，解决矿山尾矿、岩石废弃物的综合利用和企业内部互补连接技术。

（4）在矿山企业循环经济的指标分析与评价中，主成分分析是常用的统计分析方法。通过将原来较多的变量转化为互不相关的少数几个综合变量，以这几个综合变量反映原变量所反映的大部分信息。但实际应用中，主成分分析只有当变量的相关关系密切时才有较高的使用价值，而且要求指标变量间的关系呈线性，从而导致应用 PCA 方法时可能出现各指标的贡献率过于分散的情况，找不到具有全面综合能力的指标。核主成分分析（KPCA）可有效避免上述问题，它旨在将输入空间通过非线性函数映射到更高维特征空间，并在高维特征空间中应用 PCA 方法。由于在输入空间中数据分量间存在复杂关系的情况下，在输入空间中应用 PCA 这一线性方法不能捕获对样本数据描述能力强的特征，因此，KPCA 方法更加适合用于矿山循环经济综合评价。

（5）物质流分析是循环经济技术指标的核心调控手段，也是循环经济的重要内容。目前国内外的物质流分析主要集中在国家和区域等宏观层面上，对矿业领域和企业层面的微观分析研究较少。在物质流分析的实践中，更多考虑了物质的输入、输出关系，以及物质流动带来的隐藏流和输出产生的环境污染，没有体现对于物质流动得到的产品输出和产生的价值。即重点关注了物质流动对环境的扰动和影响，对于物质流对整个人类社会所作出的贡献没有涉及。从这点来讲，传统的物质流分析方法是有一定缺陷的，需要进一步完善与发展。因此，对企业同时进行物质流分析和价值流分析，有利于全方面地考察企业的循环经济状况。

（6）随着国民经济的快速发展，我国对物质消耗的数量也出现了大幅度增加的势头，但是随之而来的是环境的进一步被污染与自然生态的快速恶化。因此，制定相关环保政策，其重点要向上移动，改变强调末端控制的传统做法，逐渐向过程控制发展甚至控制源头，在环境保护的政策导向上，也要鼓励提高资源利用效率，提倡改进相应的生产技术与工艺水平。只要这样才有可能从根本上缓解资源、环境与人类社会经济发展间的矛盾与冲突。国家相关的产业政策、财政金融政策、税收手段和对外贸易政策以及政府采购行为等，也应该积极鼓励和支持资源利用率，鼓励各行业在一定的投入条件下，争取较大的产出，尽量减少资源开发带来的环境问题，以达到人与自然和谐发展的总体目标，从而较好地引导和推动矿山企业发展循环经济。

参 考 文 献

［1］石吉金．我国矿业循环经济评价指标体系的构建及运用研究．资源与产业，2008．10（3）：32－34．

［2］万雪峰．矿区循环经济发展规律研究．山东科技大学．2007．

［3］蒋佐斌．中国铁矿资源循环经济实现机制研究．中国地质大学．2009．

［4］贾文龙，陈甲斌，李洪嫔．铁尾矿资源开发利用经济评价研究．中国矿业．17（5）：63－67．

［5］李超．日本循环经济研究．吉林大学．2008．

［6］杜春丽．基于循环经济的中国钢铁产业生态效率评价研究．中国地质大学．2009．

［7］葛振华．中国金属矿产开发物质流分析．中国地质大学．2007．

［8］时永明．基于循环经济的黑龙江省黑河市矿产资源开发战略研究．中国地质大学．2008．

［9］李赋屏．广西矿业循环经济发展模式研究．中国地质大学．2005．

［10］李莉．固体矿产合理勘查开发与矿山可持续发展．中国地质大学．2008．

［11］任一鑫，韩港，丁瑞，王宁．衰老矿井循环经济模式的构

建. 矿业工程, 2008, 28 (4): 108 - 113.

[12] 吴春梅. 循环经济发展模式研究及评价体系探讨. 青岛. 山东科技大学. 2005.

[13] 周兴龙. 矿业循环经济及其物质流分析研究. 昆明理工大学. 2007.

[14] 周兴龙, 张文彬. 选矿厂发展循环经济的微观物质流分析. 金属矿山, 2008, 381 (3): 14 - 18.

[15] Yingqi Wei, and Xiaming Liu. Productivity Spillovers from R&D, Exports and FDI in China's Manufacturing Sector. Journal of International Business Studies, 2006, 37 (4): 5488 - 5553.

[16] 刘刚. 中国区域循环经济发展问题研究. 华中科技大学. 2007.

[17] 王晶. 基于循环经济的企业运行机制—模式及评价研究. 华中科技大学. 2007.

[18] 林维柏, 赵杰. 区域循环经济发展水平的综合评价方法. 统计与决策, 2009, 8: 34 - 37.

[19] 吴初国, 刘树臣, 张迪等. 国土资源可持续发展指标体系探索与实践. 北京: 地质出版社, 2006: 122 - 129.

[20] 卢业授, 郭敏. 矿产资源领域循环经济评价指标体系探讨. 中国矿业, 2008, 17 (1): 32 - 36.

[21] 徐同道. 区域海洋经济可持续发展评价研究. 南京农业大学. 2008.

[22] 彭秀平. 矿业可持续发展基本理论与动态评价方法. 中南大学. 2004.

[23] 陈晓. 基于生态经济学模型的新疆可持续发展度量研究. 新疆大学. 2005.

[24] 元炯亮. 生态工园区评价指标体系研究. 环境保护 2003, 3: 38 - 40.

[25] 薛守忠, 王军. 煤炭循环经济园区评价体系研究. 煤炭经济探究, 2008, 8: 18 - 21.

[26] 冯之俊. 我国循环经济生态工业园发展模式研究. 新华观察, 2008, 13: 3 - 6.

[27] 王博. 基于物质流分析的生态工业园构建. 天津理工大学. 2008.

[28] 路琨. 面向工业园区的循环经济理论与方法研究. 天津大学. 2007.

[29] 钟世宏, 谢辉. 循环经济与生态经济的比较研究. 生态经济, 2007. 1: 23 - 26.

[30] 陈德敏. 资源循环利用论. 重庆大学. 2004.

[31] 左铁镛, 戴铁军. 有色金属材料可持续发展与循环经济. 中国有色金属学报, 2008, 18 (5): 752 - 763.

[32] 陈飞, 诸大建. 低碳城市研究的内涵、模型与目标策略. 城市规划学刊, 2009, 4: 7 - 12.

[33] 陆钟武等. 物质流分析的两种方法及应用. 有色金属循环利用, 2006 (2): 27 - 28.

[34] 郝红彬. 生态公路建设环境损失经济评价的研究. 中南大学. 2007.

[35] Bringezu, H Schutz, and S. Moll. Industrial ecology frame-work for achieving cleaner production in the mining and minerals industry. Journal of Cleaner Production, 2006, 14 (2 - 3): 300 - 302.

[36] 孙磊. 煤炭企业循环经济发展模式与评价体系研究. 山东科技大学. 2007.

[37] 李健, 邱立成. 面向循环经济的企业绩效评价指标体系研究. 中国人口·资源与环境, 2004, 14 (4): 121 – 125.

[38] 徐兴涛, 崔喜全. 矿山企业发展循环经济的构想与实践. 矿业工程, 2008, 6 (5): 3 – 5.

[39] 姚家立, 杨林. 大力发展循环经济努力构建节约型企业. 有色冶金节能, 2007, 5: 9 – 12.

[40] 李刚, 张彦伟, 王蓉. 绿色国民核算体系的演化与发展. 南京财经大学学报. 2009, 16 (2): 27 – 35.

[41] 张玉军. 煤矿矿区循环经济模式及其建设方法研究. 华中师范大学, 2007.

[42] 陈建华, 朱磊. 基于循环经济的企业价值链研究. 山东大学学报 (哲学社会科学版). 2008. 24 (3): 35 – 38.

[43] 周虹. 全球价值链视角的产业集群发展研究. 浙江大学, 2005.

[44] 谷德近. 基于循环经济的企业生产价值链分析. 绿色经济, 2009, 22: 60 – 63.

[45] 高飞, 孔晔. 基于循环经济理论的电力企业价值链构建研究. 中国集体经济, 2009, 12: 40 – 43.

[46] 孙曙生, 陈平, 唐绍均. 论废弃产品问题与生产者责任延伸制度的回应. 生态经济, 2007 (9): 72 – 75.

[47] Oecd. Extended produce responsibility: a guidance manual for governments [R]. Working Partyon Pollution Prevention, October 2000. 104.

[48] Linck, Yan, Linan, Davis AN. Globalization, Extended produce rresponsibility and problem of discarded computersin China: an exploratory proposal for environmental protection. Georgetown International Environmental Law Review, 2002, 14 (3): 525 – 576.

［49］马娜. 生产者责任延伸制对环保和贸易的作用. 上海标准化. 2006. 5：18 - 21.

［50］Gibbs D. Industrial symbiosis and eco-industrial development: an introduction. GeograPhy Compass, 2008, 2 (4)：1138 - 1154.

［51］王晓鹏, 曹广超. 基于多元统计的大气环境质量评价模型与应用. 环境工程. 2007. 25 (6)：18 - 21.

［52］张征. 环境评价学. 北京：高等教育出版社, 2004.

［53］李祚泳, 丁晶, 彭荔红. 环境质量评价原理与方法. 北京：化学工业出版社, 2004.

［54］武强, 李云龙. 矿山环境地质调查技术要求研究. 水文地质工程地质, 2004 (2)：97 - 100.

［55］刘志斌. 露天煤矿排土场地下水环境质量影响的模糊综合评价. 露天采矿技术, 2003, (2)：16 - 18.

［56］金菊良, 魏一鸣, 丁晶. 水质综合评价的投影寻踪模型. 环境科学学报, 2001, 21 (4)：431 - 434.

［57］李圣增. 模糊数学法在大气环境质量评价中的应用研究. 科技咨询导报. 2007. 25：17 - 20.

［58］杨文东, 程洪斌. 神经网络在环境质量评价中的问题. 微计算机应用. 2008. 29 (2)：46 - 48.

［59］王明聪, 成杰民, 纪发文. 土壤重金属环境质量评价基准体系进展与研究. 资源环境与发展. 2008. 1：14 - 17.

［60］雷学勤. 贯穿循环经济理念的区域环境影响评价研究. 兰州大学. 2007.

［61］于婷婷, 殷克东, 方景清. 基于灰色关联度分析的沿海省 (市) 海洋循环经济评价研究. 海洋开发与管理. 2009. 10：80 - 85.

［62］王琳, 高瞻. 基于层次分析的灰色模糊综合评价法在节能住宅

技术经济评价中的应用. 技术经济与管理研究. 2008. 6：22－24.

[63] 王晓鹏, 曹广超. 基于多元统计的大气环境质量评价模型与应用. 环境工程. 2007. 25 (6)：18－22.

[64] Vapnik V, The Nature of Statistical Learning Theory, chapter5, Springer-Verlag, New York, Inc, 1995.

[65] 边肇祺, 张学工. 模式识别. 2000, 清华大学出版社.

[66] Platt J. Probabilities for sv machines. Advances in Large Margin Classifiers. MIT Press, 61－74, 2000.

[67] STPRtool. http：//cmp. felk. cvut. cz/cmp/cmp software. html. 2004.

[68] 崔铁宁. 基于循环经济的环境影响评价制度发展方向. 城市环境与城市生态. 2008. 21 (3)：42－44.

[69] OECD. Towards sustainable development：environmental indicators. Paris：2001, 2：23－33.

[70] 郑建华, 王世梅, 王卓娟. 长江水质的综合评价及其预测. 贵州水力发电, 2006, 01：36－39.

[71] 赵波, 严立东. 论循环经济发展评价指标体系的设计. 经济体制改革, 2007, 1：173－176.

[72] 石晓翠, 侯平, 熊建新. 建设项目的环境经济效益分析. 新疆环境保护, 2005, 1：36－39.

[73] 马瑞先. 浅谈塞罕坝自然保护区的生态胁迫因素及保护对策. 河北林业科技, 2008, 3：45－47.

[74] 徐凤君, 赵涛, 袁兰静. 循环经济综合评价指标体系的构建. 内蒙古大学学报 (社科版), 2008, 40 (6)：37－43.

[75] 张扬. 循环经济概论. 长沙：湖南人民出版社, 2005, 6：138－139.

[76] Heeres, R. R., Vermeulen, WJ. V, de Walle, FB. Off shoring: Value creation through economic change. Journal of Management Studies 2005, 42 (3): 675 - 683.

[77] 韦惠兰, 周平, 张晶. 区域循环经济的灰色聚类评估方法. 统计与决策, 2008 (04): 57 - 58.

[78] 严刚. 基于主成分分析方法探讨区域循环经济评价研究. 再生资源研究, 2007 (05): 19 - 22.

[79] 董继红. 循环经济指标体系_概念_架构及评价方法. 统计与决策, 2007, 3: 126 - 128.

[80] 吴茜. 循环经济评价指标体系及实例研究. 吉林大学. 2007.

[81] 杨华峰, 张华玲. 论循环经济评价指标体系的构建. 科学学与科学技术管理, 2005　(09): 123 - 128.

[82] 欧阳丽伟, 何德文, 柴立元. 循环经济评价指标体系进展研究. 环境科学与管理, 2006, 31 (3): 117 - 120.

[83] 冯之浚. 循环经济导论. 北京: 人民出版社, 2004, 5: 189: 193.

[84] 马世忠. 循环经济指标体系与支撑体系研究. 北京, 中国经济出版社. 2007, 6: 126 - 129.

[85] 牛桂敏. 循环经济评价体系的构建. 城市环境与城市生态, 2005, 18 (4): 4 - 7.

[86] 沙景华, 欧玲. 矿业循环经济评价指标体系研究. 循环经济, 2008 (28): 33 - 36.

[87] WURFY J D, MIKOJHONEE. The Benefits of Integrated Treatment of Wastes for the Production of Energy. Energy, 2006, 31 (2): 298 - 309.

[88] 马江. 成都市循环经济评价指标体系基础研究. 西南民族大学学报 (人文社科版). 2006. (4): 155 - 158.

［89］杨浩，朱冬元．我国循环经济综合指标体系研究．生态经济，2008，(06)：52-55．

［90］国家统计局"循环经济评价指标体系"课题组．"循环经济评价指标体系"研究．统计研究，2006，(09)：23-26．

［91］Aton J Beto, Orik J A van Zyl. Life-cycle Assessment for Energy Analysis and Management. Applied Energy, 2007, 84 (7-8): 819-826.

［92］Farrell, D. Eco-industrial park initiatives in the USA and the Netherlands: first lessons. Journal of Cleaner Production, 2004, Vol. 12 (Issue 8-10).

［93］王奇，王会．循环经济的定量化评价方法研究．中国人口资源与环境，2007，17 (1)：33-37．

［94］邓黎．新郑矿区循环经济体系开发研究，2006．

［95］曾绍伦，任玉珑，王伟．循环经济评价研究进展与展望．生态环境学报，2009，18 (2)：783-789．

［96］丁志平．论矿业循环经济．资源人居环境，2006，10：14-16．

［97］李建光．矿区循环经济效益评价与发展模式研究．河北工程大学，2008．

［98］李颖，邓偶，朱清．江西铀矿企业发展循环经济的评价指标体系构建．东华理工大学学报（社会科学版），2009，28 (1)：17-22．

［99］钱翌，灵涛，赵荣敏．青岛市循环经济发展水平综合评价．环境科学与技术，2009，32 (5)：199-205．

［100］秦自华．循环经济评价指标体系运用于钢铁行业的设想．钢铁科技，2009，1：61-64．

［101］Wodu Hush, JungHeis. Price Cap Regulation and Information Acquisition. International. Journal of Industrial Organization. 2002, 20:

1026～1033.

[102] 严刚. 基于主成分分析方法探讨区域循环经济评价研究. 再生资源研究, 2007, 5: 19 - 22.

[103] 杨玲. 发展矿业循环经济建设绿色矿山. 中国矿业, 2006, 15 (4): 23 - 26.

[104] 袁兰静. 循环经济综合评价体系研究. 天津大学, 2007.

[105] 张敬惠, 袁彦. 循环经济评价体系的建构及分析. 绿色经济, 2007, 12: 50 - 53.

[106] 陈帆, 吴波, 祝秀莲. 造纸工业循环经济模式评价指标体系研究. 环境污染与防治, 2008, 30 (5): 97 - 100.

[107] 陈润羊, 花明, 陈淑杰. 我国南方某铀矿循环经济发展水平评价研究. 矿业研究与开发, 2009, 29 (3): 86 - 88.

[108] 张鲲. 基于循环经济的煤矸石热电厂设计与评价研究. 天津大学, 2007.

[109] 田丰. 循环经济评估及其在区域环境影响评价中的应用研究. 合肥工业大学, 2005.

[110] 徐瑾. 区域循环经济发展的激励机制及 ANP 评价研究. 天津大学, 2005, 12: 29 - 36.

[111] 段绍伟, 沈蒲生. 模糊综合评价与数据包络分析在工程方案设计选择中的应用. 水利学报, 2004, 5: 116 - 122.

[112] 张叶红. 基于模糊推理的城市循环经济系统的评价模型研究. 东南大学, 2006.

[113] 岳立, 郑周胜. 基于熵理论的循环经济发展评价. 统计与决策, 2009, 8: 51 - 52.

[114] 嵇图图. 循环经济理论在区域规划环评中的应用研究. 大连理工大学, 2006.

[115] 张生元. 统计主成分分析方法在经济评价中的应用. 地质技术经济管理. 1996,（5）: 32 - 38.

[116] 彭徽. 辽宁循环经济发展水平的主成分法评价. 甘肃联合大学学报. 2008, 24（2）: 24 - 26.

[117] 徐大伟,梁樑,朱明峰. 基于循环经济的城市效率评价研究. 生态经济, 2008, 2: 366 - 368.

[118] 徐建中,刘淼群. 资源型城市发展循环经济评价指标体系与方法研究. 改革与战略, 2008, 8: 40 - 42.

[119] 曹银贵,周伟,王静等. 基于主成分分析与层次分析的三峡库区耕地集约利用对比. 农业工程学报, 2010, 26（4）: 291 - 296.

[120] 李靖华,郭耀煌. 主成分分析用于多指标评价的方法研究——主成分评价. 管理工程学报, 2002:（1）: 39 - 43.

[121] K. Fukunaga, Introduction to Statistical Pattern Recognition, Academic Press, New York, 1990.

[122] B. Scholkopf, A. Smola, and K. R. Muller, "Nonlinear component analysis as a kernel eigenvalue problem", Neural Computation, 1998, 10（5）, pp. 1299 - 1319.

[123] B. Scholkopf, S. Mika, C. Burges, P. Knirsch, K. -R. Muller, G. Ratsch, and A. Smola, "Input space vs. feature space in kernel-based methods", IEEE trans. on Neural Networks, Vol. 10（5）, pp. 1000 - 1017, September 1999.

[124] 黄和平,毕军,张炳. 物质流分析研究述评. 生态学报, 2007, 27（1）: 368 - 389.

[125] 单永娟. 物质流分析方法研究与应用综述. 产业与科技论坛, 2007, 6（3）: 83 - 86.

[126] 尹科,彭晓春,陈志良,梁青. 我国物质流研究述评. 环

境保护与循环经济, 2009, 1: 15 - 19.

[127] 李丁, 汪云林, 付允. 基于物质流核算的数据包络分析——国内 19 个主要城市的实证研究. 资源科学, 2007, 29 (6): 176 - 181.

[128] 马林, 魏静, 王方浩. 基于模型和物质流分析方法的食物链氮素区域间流动——以黄淮海区为例. 生态学报, 2009, 29 (1): 475 - 483.

[129] 徐明, 张天柱. 中国经济系统中化石燃料的物质流分析. 清华大学学报 (自然科学版), 2004, 44 (9): 1166 - 1170.

[130] 刘滨, 王苏亮, 吴宗鑫. 试论以物质流分析方法为基础建立我国循环经济指标体系. 中国人口资源与环境, 2005, 15 (4): 32 - 36.

[131] 徐一剑, 张天柱. 基于三维物质投入产出表的区域物质流分析模型. 清华大学学报 (自然科学版), 2007, 47 (3): 356 - 360.

[132] 黄晓芬, 诸大建. 上海市经济—环境系统的物质输入分析. 中国人口资源与环境, 2007, 17 (3): 96 - 99.

[133] 刘毅, 陈吉宁. 中国磷循环系统的物质流分析. 中国环境科学, 2006, 26 (2): 238 - 242.

[134] Iossa, E, Stroffolini, F. Rationale for and interpretation of economy-wide material flow analysis and derived indicators. Journal of Industrial Ecology, 2003, 24 (3): 33 - 35.

[135] Stefan Bringezu, Helmut Schutz, et al. Internation comparison of resource use and its relation to economic grouth. Ecological Economics, 2004, 51: 97 - 124.

[136] 陈效逑, 赵婷婷, 郭玉泉. 中国经济系统的物质输入与输出分析. 北京大学学报 (自然科学版), 2003, (4): 100 - 104.

[137] 王晓燕, 严恩松, 欧洋. 基于物质流分析的密云水库上游流域磷循环特征. 环境科学学报, 2009, 29 (7): 1549 - 1560.

[138] 李丁，汪云林．付允．基于物质流核算的数据包络分析——国内19个主要城市的实证研究．资源科学．2007. 29 (6)：176 - 181.

[139] 朱青，李颖．构建矿业城市发展循环经济评价指标体系的探讨．理论导报，2008，10：40 - 42.

[140] 杜涛，蔡九菊．钢铁企业物质流_能量流和污染物流研究．钢铁，2006，41 (4)：82 - 87.

[141] 葛振华．中国金属矿产开发物质流分析．中国地质大学（北京）. 2007.

[142] 都沁军．矿产资源开发的物质流分析．当代经济管理，2008，30 (1)：36 - 39.

[143] 刘三红．资源价值流计算方法体系的构建研究．中南大学．2009.

[144] 王佰梅，吴钢．基于物质流分析方法的煤炭资源型区域循环经济评价指标体系研究．煤炭经济研究，2008，11：42 - 45.

[145] 杨建锋．我国地质环境与社会经济的物质流分析．自然资源学报，2008，23 (4)：553 - 559.

[146] Seppha, Matti Melanen, Ilmo MahenpSirkk Koskela, Jyrki Tenhunen, How Can the Eco-efficiency of a Region be Measured and Monitored?. Journal of Industrial Ecology, 2005 (4)：117 - 130.

[147] 张炳，黄和平，毕军．基于物质流分析和数据包络分析的区域生态效率评价——以江苏省为例．生态学报，2009，29 (5)：2473 - 2480.

[148] 龙妍．基于物质流、能量流与信息流协同的大系统研究．华中科技大学．2009.

[149] 毛玉如，沈鹏，李艳萍．基于物质流分析的低碳经济发展战略研究．现代化工，2008，28 (11)：9 - 13.

[150] 刘伟，鞠美庭，楚春礼等．基于物质流分析的天津市资源

生产力. 城市环境与城市生态, 2009, 22 (1): 29 - 33.

[151] 朱滔, 丁桑兰. 基于物质流分析下的循环经济. 知识经济, 2008, 5: 128.

[152] 姚星期. 基于物质流核算的浙江省循环经济研究. 北京林业大学, 2009.

[153] 吕彬, 杨建新. 生态效率方法研究进展与应用. 生态学报, 2006, 26 (11): 3898 - 3906.

[154] 吴德胜. 数据包络分析若干理论和方法研究. 中国科学技术大学, 2006.

[155] 沈万斌, 赵涛, 刘鹏等. 物质流分析模型的应用研究. 东北师大学报, 2009, 41 (1): 127 - 133.

[156] 龙妍, 黄素逸, 刘可. 大系统中物质流、能量流与信息流的基本特征. 华中科技大学学报, 2008, 36 (12): 87 - 90.

后 记

　　本书是在本人于中国矿业大学（北京）攻读博士学位的学位论文基础上改编的，在写作期间得到了我的导师武强教授的悉心指导和大力支持。武老师知识渊博，学养深厚，治学严谨，待人真诚，对我的学业帮助非常大。还要感谢董东林教授。董老师学问高深，作风踏实，待人真诚，在我的写作过程中给予了很多的帮助和支持。还有孙成立博士和王必锋博士，都给予我很大的支持和帮助。

　　感谢我贤惠而又通情达理的夫人王希艳的鼓励和鞭策，聪明美丽的女儿吕君也给予了巨大的精神支持。

　　感谢所有帮助过我的朋友。

　　本书受"人口资源与环境经济学"河北省重点学科资助。

　　本书为作者 2013 年承担的河北省社会科学基金项目，项目编号：HB13JJ028。

吕宝林

2016 年 9 月